Umschlagfotos:
Hundisburg/Schloss (oben), Magdeburg/Hundertwasserhaus (unten)

Bibliografische Information der Deutschen Nationalbibliothek
Die Deutsche Nationalbibliothek verzeichnet diese Publikation in der Deutschen Nationalbibliografie; detaillierte bibliografische Daten sind im Internet über http://d-nb.de abrufbar.

2., aktualisierte und überarbeitete Auflage 2015

www.mitteldeutscherverlag.de
Gesamtherstellung: Mitteldeutscher Verlag, Halle (Saale)

ISBN 978-3-89812-976-3 (Buchhandelsausgabe)

Printed in the EU

Bauhaus – Symbol modernen Bauens: 15.3.2011/31.8.2010/
3.4.2010

Wittenberg

Luther ändert seine Farbe: 16.8.2010/1.4.2008/31.3.2008/
20.4.2007/10.3.2007

Klarheit und Abstand: 15.12.2008

An Saale, Unstrut und Mulde

Bitterfeld – immer wieder neu erfunden: 4.8.2007

Geiseltal – ein besonderes Klima: 31.12.2012/8.4.2013

Naumburg – Besuch bei der Stifterin: 18.3.2008/15.9.2008/
1.7.2008

Bad Kösen voller Farben und Bänder: 30.5.2009/2.6.2009

Goseck – Silicon Valley der Vorzeit: 22.12.2011

Löbejün – eine schottische Gabe: 1.11.2008/29.4.2014

Lützen – Schwedenfahnen und Schlachtfeldarchäologie:
19.6.2010/6.11.2007

Weißenfels – Heldenkult um den Retter: 6.11.2007

Halle

Alles begann hier: die Himmelsscheibe: 12.12.2006

Saline: Händel um Salz: 16.6.2010

Genscher wird zum Denkmal: 12.9.2009

Schlafstadt: innere Unwucht: 4.6.2014

Graf Dracula im Stadtrat: 20.1.2011

Mekka der Hymnologen: 28.1.2009/25.3.2013

Jubiläum ohne Feier

23.7.2007

Robert von Lucius

Verdichtet und steinreich

Streifzüge durch Sachsen-Anhalt

mitteldeutscher verlag

Inhalt

Zaubersprüche, Keimzellen und Identitäten

Sachsen-Anhalt sei steinreich, kokettiert der frühere Magdeburger Bischof Axel Noack gerne, reich an Steinen – sonst aber arm. Er drückt mit dem Wortspiel ein Dilemma „seines" Bundeslandes aus: Kaum eine andere Region Deutschlands außer noch Thüringen und der Westen Sachsens bietet auf engem Raum so viel Geschichte und Kultur und Bauten nationaler Bedeutung wie der südliche und mittlere Teil Sachsen-Anhalts. Viele sehen das Flachland im Norden, die Altmark, als „Urquelle" Brandenburgs und damit Preußens. Die Gegend zwischen Quedlinburg und Magdeburg gilt Historikern dank Otto des Großen als Wiege des Heiligen Römischen Reichs Deutscher Nation. Im Fürstentum Anhalt-Zerbst wuchs als anhaltinische Prinzessin Katharina die Große auf, dank derer Russland endgültig zur Großmacht wurde. Die Reformation begann im Süden Sachsen-Anhalts, vor allem in Wittenberg. Das Bauhaus brachte die Moderne in die Architektur. Doch trotz all dieser Fülle und Dichte, oder vielleicht gerade ihretwegen, ist das junge Bundesland weniger bekannt als etwa Sachsen oder Thüringen, und weit weniger als es seiner geschichtlichen und kulturellen Rolle entspräche.

In Sachsen-Anhalt geht es mehr als anderswo nicht nur um Bewahrung von kulturhistorischem Erbe, sondern auch um Identität. Es ist als Region zwar eine der alten und traditionsreichen europäischen Geschichtslandschaften, nicht aber als politisches und Verwaltungsgebilde. Sachsen-Anhalt ist wie das

benachbarte Niedersachsen eine Nachkriegsschöpfung, 1945 zusammengefügt aus widerstrebenden Landesteilen – zwei altpreußischen Provinzen um die Metropolen Magdeburg und Halle-Merseburg herum, dem Land Anhalt und früher thüringischen oder braunschweigischen Exklaven. Zu den Vorgängerregionen zählten Bistümer, kurzlebige sächsische Sekundogenituren, Teile Kursachsens, die Harzregion – ein buntes Mosaik. Es ist das einzige neue Bundesland ohne eine einheitliche Territorialgeschichte.

Die Sowjetische Militär-Administration in Deutschland, die die „Provinz Sachsen" am 17. Juli 1945 zusammenfügte, stützte sich auf Modelle aus der Weimarer Republik. 1927 hatte der preußische Landeshauptmann Erhard Hübener in einer Denkschrift vorgeschlagen, den mitteldeutschen Raum in drei föderale Einheiten zu gliedern – Sachsen-Anhalt, Sachsen und Thüringen; 1945 wurde Hübener erst von den Amerikanern und dann von den Sowjets als Regierungschef von Sachsen-Anhalt eingesetzt, bis 1949. Schon die an seinen Grenzen vielfach korrigierte Vorgängerregion, die preußische Provinz Sachsen, galt als künstlich geschaffene Verwaltungseinheit. Der Historiker Heinrich von Treitschke nannte sie ein „wunderliches Gewirr" mit „künstlichem Charakter".

1952, nach sieben Jahren, wurde das Bindestrichland wie die anderen Länder der DDR aufgelöst und erst 1990 zum zweiten Mal gegründet. Kein anderes Bundesland hat eine vergleichbar kurze Zeit gehabt, eine gemeinsame Identität innerhalb einer Verwaltungseinheit zu finden. Die südlichen Landesteile richten sich eher nach Sachsen und Thüringen aus, die Altmark und das Jerichower Land mit ihren einstigen Hansestädten nach Berlin und zur Ostsee. Viele fühlen sich eher als Altmärker oder Anhalter denn als Sachsen-Anhalter.

Dazu kommt eine ungewöhnliche Vielfalt der Wirtschaftsstrukturen – das einstige Chemie- und Kohlezentrum um Bitterfeld-Wolfen, Leuna, Buna und Zeitz, die liebliche Saale-Unstrut-Region mit dem nördlichsten Qualitätsweinbaugebiet

Europas und Käseherstellern im Burgenlandkreis oder die reichen Äcker der Magdeburger Börde. Als Touristenziele locken Fachwerk-Puppenstuben am und im Harz wie Wernigerode, Quedlinburg und Halberstadt, dessen Dom einen der bedeutendsten kirchlichen Kunstschätze Europas birgt. Anregungen, mit Sachsen und Thüringen ein Bundesland Mitteldeutschland zu schaffen, fallen auf fruchtbaren Boden – aber nicht überall.

Neben regionalen Eifersüchteleien kommt jene zwischen den beiden gleichrangigen und gleich großen Metropolen Magdeburg und Halle.

Magdeburg kann auf den Dom und den berühmten Halbkugelversuch seines ehemaligen Bürgermeisters Otto von Guericke weisen. Schon Guericke stand für Erfindungsreichtum und Aufbau, kümmerte sich aber als Historiker auch um Verfall: Er verfasste vor dreihundertfünfzig Jahren eine Geschichte der Belagerung und Zerstörung Magdeburgs im Dreißigjährigen Krieg. Immer wieder standen die Bürger gegen Widerstände auf. Obwohl in Magdeburg bereits vor hundert Jahren Deutschlands erste kommunale Pressestelle und ein Fremdenverkehrsverein gegründet wurden, wird erst langsam das Bild aus DDR-Jahren als Stadt des Sports und der Schwermaschinen zurechtgerückt.

Mit Ausstellungen zum Mittelalter und seiner Kultur, der Hoch-Zeit Mitteldeutschlands, will seit 2006 das Kulturhistorische Museum in Magdeburg Landesidentität stärken oder gar stiften. Ältere Epochen sollen zum Quell eines neuen regionalen Patriotismus in einem Bundesland werden, das nach seiner Rolle sucht. Geschichte als Gegenmittel zum grassierenden Rechtsextremismus? Der Begriff „Reich“ sollte der Assoziation mit Hitler und dem „Dritten Reich“, dem Missbrauch durch die Rechtsextremen, entrissen werden. Das „Alte Reich“ war ein einzigartiges multikulturelles Gemeinwesen ohne Hauptstadt und mit gewählten Herrschern, das die Geschichte Europas über Jahrhunderte prägte. Kein anderer Staat, keine andere Regierungsform währte in der deutschen Geschichte länger.

Die Ausstellung „Heiliges Römisches Reich Deutscher Nation 962 bis 1806“ und zwei um Kaiser Otto gerankte Folgeausstellungen fanden starke Aufmerksamkeit. So gründete das Museum das Netzwerk „Reich und Region“ mit zehn Mittelalterstädten des Landes von reichspolitischer Bedeutung – von Tangermünde bis Halberstadt. Es setzte auf eine Sogwirkung von Uta von Naumburg als Schönheitsideal des Mittelalters und auf die Merseburger Zaubersprüche für eine der ältesten Kulturlandschaften Mitteleuropas. Sie war vier Jahrzehnte lang durch Mauer und Grenze vom Westen abgeschnürt. Die Fremdenverkehrswerber bauen auf ihre Straße der Romanik, die an früher vernachlässigten Anziehungspunkten vorbeiführt wie Wanzleben, einst die größte Flachlandburg Nordeuropas, in der „alle“ von Napoleon bis Friedrich dem Großen Obdach fanden. Ihr europäischer Ableger Transromanica – die Route von Sachsen-Anhalt bis Slowenien und Italien – erhielt den Titel einer Europäischen Kulturstraße.

Halle versuchte, den regen Magdeburger Museumsmachern etwas entgegenzusetzen. Mit dem schlagkräftigen Titel „Der Kardinal“ waren auch in der Moritzburg und anderen Hallenser Stätten Leihgaben aus der ganzen Welt zu sehen. Kardinal Albrecht von Brandenburg war nicht nur Gegenspieler Luthers, sondern auch einer der großen Mäzene der letzten Jahrhunderte. Er erteilte 1520 einen der größten Gemäldeaufträge der deutschen Kunstgeschichte: Lucas Cranach schuf für die Stiftskirche sechzehn Altäre mit einhundertzweiundvierzig Gemälden. Manche der Bilder und Heiligtümer, die Albrecht bei seiner Vertreibung aus Halle mit sich nahm, kehrten für einige Wochen an ihren Ausgangsort zurück.

Dass in Städten wie Magdeburg und Halle, im Nordharz mit Quedlinburg und Halberstadt oder um Naumburg und Wittenberg herum mehr deutsche und europäische Geschichte und Baugeschichte geformt wurden und spürbar sind als in Westfalen oder Franken, dringt erst langsam ins Bewusstsein mancher Westdeutscher. Magdeburg als Lieblingspfalz und Be-

gräbnisort Kaiser Ottos wurde weniger wahrgenommen als die Aachener Pfalz Karls des Großen, wobei sich die Kirchen beider Städte in wenig nachstehen. Ausstellungsmacher und Historiker wollen endgültig den Erneuerer abendländischen Kaisertums neben Karl dem Großen als zweite große deutsche Gestalt für Europa festigen.

Das Magdeburger Museum setzt auf die Domgründung vor nunmehr gut 800 Jahren. Der Kaiserdom mit dem Grab Ottos ist Wahrzeichen der Landeshauptstadt und Zeichen des Überlebenswillens einer gebeutelten Stadt. Bei der Zerstörung Magdeburgs im Dreißigjährigen Krieg wurde er als eines der wenigen Gebäude verschont. Im Zweiten Weltkrieg blieb er inmitten der Verwüstung weitgehend erhalten. Trotz beständiger Arbeiten und Reparaturen am höchsten und größten Sakralgebäude Ostdeutschlands verfällt der Dom St. Mauritius und St. Katharina, scheint es bisweilen, wie bei manch anderen großen Kirchen, schneller, als er restauriert werden kann: Er war und ist wie andere Dome eine ewige Baustelle.

Vom Dom und dem Platz davor gingen Kirchen- und Baugeschichte aus. Hier war die Keimzelle des Ostfränkischen Reiches, der Grundlage zum heutigen Deutschland. Hier wuchs auch das Magdeburger Stadtrecht. Ob in Krakau, Breslau, Berlin oder Leipzig: Über Jahrhunderte hinweg endeten Richtersprüche in Mittel- und Osteuropa mit der Formel „Das Recht haben gegeben die biederen Schöffen und Ratsmänner der Stadt Magdeburg“. Neben der Reformation war das Magdeburger Stadtrecht das wichtigste Exportprodukt Sachsen-Anhalts. Das Land bot eine weitere Leitschnur deutscher und europäischer Rechtsgeschichte mit dem Sachsenspiegel Eike von Repgows. Dessen Rechtsauslegungen im dreizehnten Jahrhundert, die bis 1900 galten, waren nicht nur Rechtsquelle von Gewicht, sondern auch das erste deutsche Prosawerk. So feiert nicht nur die Burg Falkenstein im Harz, auf der er das verschollene Original verfasste, Repgow, sondern auch sein Geburtsdorf Reppichau. Im Dorf mit 500 Einwohnern wurden in den letzten Jahren

lebensgroße Metallplastiken errichtet und Hausfassaden bemalt – das Gerätehaus der Feuerwehr gleicht eher einer mittelalterlichen Burg denn einem Zweckgebäude. Reppichau zeigt, wie das „Schachdorf" Ströbeck im Vorharz, wie Orte versuchen, mit ihrer Lokalgeschichte Selbstbewusstsein zu finden, aber auch Besucher und damit Gelder anzuziehen.

Das Land zwischen Salzwedel, Halle und dem Harz ist gezeichnet von Abwanderung und einer verfehlten Wirtschaftspolitik früherer Jahre. So suchen Regierende und Menschen unkonventionelle Wege. Das zeigt etwa die Schlosskirche Wittenberg, an deren Tür nach der nicht gesicherten Überlieferung Martin Luther 1517 seine 95 Thesen angeschlagen haben soll – ein Ziel lutherischer Touristen aus aller Welt, vor allem aus Nordamerika, Japan und Skandinavien. Sie gehört aber bisher nicht der Kirche, sondern dem Land. Dieses will vor der Fünfhundertjahrfeier der Reformation im Jahr 2017 das Urgebäude des evangelischen Glaubens an die Evangelische Kirche in Deutschland verkaufen, zuvor die Unesco-Welterbestätte aber noch mit Staatsmitteln renovieren. Ein katholischer Ministerpräsident, der wie sein evangelischer Vorgänger in Wittenberg aufwuchs und wohnt, wählt kurze Wege und entgegenkommende pragmatische Lösungen – das scheint Menschen dieses Landstrichs auszuzeichnen.

Dazu kommt die Bereitschaft, nicht alles dem Staat zu überlassen. Die Dome in Naumburg und Merseburg etwa und die berühmte Stiftsbibliothek in Zeitz werden von den „Vereinigten Domstiftern" getragen und finanziert, ehrenamtlichen Domherren, denen beständig neue Ideen einfallen, um Besucher und damit Geld nach Naumburg, Merseburg oder Zeitz zu ziehen. So luden sie schon mehrfach Frauen mit dem Vornamen Uta ein zu einem Uta-Wochenende, und viele kamen. Sie sollten die Namensgeberin Markgräfin Uta von Ballenstedt ehren. Ihre gut 750 Jahre alte Skulptur im Westchor des Naumburger Doms gilt als Idealvorstellung einer edlen, anmutigen Frau und als bedeutende Schöpfung der Bildhauerkunst.

Am pfleglichen Umgang mit dem baulichen, auch dem kirchlichen Erbe kann man eine Besonderheit Sachsen-Anhalts zeigen. Die Kirchenprovinz Sachsen hatte vor ihrem Zusammenschluss mit der Thüringer Landeskirche Anfang 2009 zur Evangelischen Kirche in Mitteldeutschland den dichtesten und bedeutendsten Sakralbaubestand aller evangelischen Landeskirchen – sie besitzt 2.300 Kirchengebäude. Dazu kamen nach dem Zusammenschluss 1.500 Kirchen und Kapellen in Thüringen. Mehr als die Hälfte wurde vor 1500 gebaut, 95 Prozent sind denkmalgeschützt. Der Landeskirche aber fehlt Einkommen, schon weil noch nicht einmal jeder sechste Bewohner der evangelischen Kirche im am stärksten säkularisierten Gebiet Deutschlands angehört – und das dort, wo die Reformation ihren Anfang nahm. Eine Untersuchung der Universität Chicago besagt sogar, im Osten Deutschlands glaubten nur dreizehn Prozent der Menschen an einen Gott – weniger als in irgendeiner anderen Region der Welt. Neben der kirchenfeindlichen Politik der DDR mit ihrem Staatsatheismus in den Fünfzigern trug auch das Patronatssystem dazu bei, dass die Gemeinden mit durchschnittlich 300 Mitgliedern die kleinsten in Deutschland sind – jeder Gutsherr wollte seine „eigene" Kirche haben. Zu Formen der Bewahrung des Erbes zählen Kirchbaufördervereine. In etwa einem Drittel der zweihundert Fördervereine für den Erhalt und Bau von Kirchen, Orgeln, Glocken im Lande ist die Mehrheit der Mitglieder nicht kirchlich gebunden. Deren Einsatz gründet nicht nur in kirchengeschichtlichem Interesse, sondern auch in Traditionen, der eigenen Familiengeschichte und im dörflichen Gefüge: Hier wird „Die Kirche muss im Dorf bleiben" ein sozialer wie auch theologischer Satz.

Fast alles scheint sich in Sachsen-Anhalts Kulturgeschichte um Mittelalter und Romanik zu bewegen, um Kirchen und um Burgen wie die Neuenburg, die größere Schwesterburg der Wartburg, oder das Burgenpaar Rudelsburg und Saaleck, die viele als romantischsten Ort Deutschlands empfinden. Geschichte

und Leben aber gab es davor und danach. Davor: In Goseck steht das älteste Sonnenobservatorium Europas, das hölzerne „Stonehenge" – zweitausend Jahre älter als sein steinernes südenglisches Gegenstück. Am Holzrund wird zum ersten Mal seit 7.000 Jahren zur Sommersonnenwende wieder zu Trommeln getanzt. Nur 25 Kilometer entfernt von dieser Kultstätte wurde ein Schlüsselfund der Archäologie, der Astronomie und der Religionsgeschichte geborgen. Für die bei Nebra gefundene Himmelsscheibe, die älteste konkrete Himmelsdarstellung der Menschheitsgeschichte, wurde nach dem Fund durch Raubgräber 1999 das Landesmuseum für Vorgeschichte in Halle umgebaut.

Neben diesen Höhepunkten könnten jene aus jüngeren Jahren verblassen – das aber wäre ebenso falsch wie ungerecht. Die Umgebung Naumburgs ist Heimatort des Philosophen Friedrich Nietzsche, des „Turnvaters" Jahn und des Bildhauers und Zeichners Max Klinger. Neben Quedlinburg mit seiner Altstadt und den Lutherstädten Eisleben und Wittenberg weisen immerhin die anderen zwei der vier Welterbestätten der Unesco in Sachsen-Anhalt auf jüngere Jahrhunderte – das Gartenreich Dessau-Wörlitz als erster Landschaftspark des europäischen Festlandes im englischen Stil sowie das Bauhaus Dessau, das Architektur und Geistesleben des vorigen Jahrhunderts grundlegend erneuerte. Die Franckeschen Stiftungen in Halle, 1695 als Sozial- und Bildungswerk gegründet, hoffen zudem ebenso auf einen Weltkulturerbe-Titel wie die Region an Saale und Unstrut.

Das Novalis Schloss im Mansfelder Land wird im Blaubuch der Bundesregierung als kultureller Gedächtnisort von nationaler Bedeutung gewürdigt. Hier wurde der Dichter Friedrich von Hardenberg (Novalis), mit der Blauen Blume der Erfinder des Symbols deutscher Romantik, geboren. In Oberwiederstedt findet der Besucher neben dem Museum eine Forschungsstätte für Frühromantik und den Sitz der Internationalen Novalis-Gesellschaft sowie eine Lindenallee. Ein Nachfahre des Dich-

ters hatte dort im Jahr 2008 zum „Tag des Baums" die letzte von 22 Linden gepflanzt, damit die Zufahrt so ist wie zur Zeit der „Blauen Blume".

Sachsen-Anhalt ist ein Ort der Musik. Mit Johann Sebastian Bach, Georg Friedrich Händel, Heinrich Schütz und Johann Philipp Telemann auch eine Wiege der Barockmusik und mit Paul Gerhardt Geburtsort deutscher protestantischer Kirchenmusik. Halle aber kann neben dem Händel-Museum auf das größte Beatles-Museum im Festland-Europa weisen. In Magdeburg und der Altmark wuchs mit den Jungen des „Tokio Hotel" eine der wenigen deutschen Bands auf, die zu Weltruhm fanden.

Wie behutsam Sachsen-Anhalt mit neuer Kunst umgeht, zeigen beispielhaft vier Orte: der Dom in Naumburg, dessen Elisabethkapelle seit Ende 2007 Kirchenfenster von Neo Rauch hat; Dessau mit seinem Kurt-Weill-Festival; Bitterfeld, einst „hässlichste Stadt Europas", mit seinem Filmmuseum (in Wolfen wurde der erste Farbfilm hergestellt) und dem nahen Ferropolis mit Riesenbaggern gar nicht so weit entfernt von der wasserreichen Goitzschelandschaft; und wiederum Merseburg. Dort werden die Bilder von Willi Sitte ausgestellt, des eigenwilligen und meist linientreuen Gestalters der Arbeiter- und Bauernkultur der DDR. Sachsen-Anhalt vereint einen weiten Spannbogen.

Dieses Buch versucht, in Mosaiksteinen die verdichtete, nicht nur kulturelle, Vielfalt und den „Stein-Reichtum" Sachsen-Anhalts zu zeigen. Bevölkerungsschwund und rechtsextremistische Ausschreitungen, Umweltprobleme und einen schwierigen Umgang mit der jüngeren Vergangenheit gibt es aber auch. Die Fac(z)etten erheben weder den Anspruch einer umfassenden, gar politischen Analyse, noch wollen sie einen Reiseführer ersetzen. Sie versuchen lediglich Sympathie für einen Teil Deutschlands zu wecken, der außerhalb seiner Landesgrenzen stärkere Zuwendung verdiente, als er bisweilen erhält, und den Blick für diese Ecke Mitteldeutschlands zu schärfen. Die Gestaltung

als scheinbar zufällige Mosaike beruht darauf, dass der Autor – zwischen 2006 und 2014 als Korrespondent der Frankfurter Allgemeinen Zeitung – versucht, Augen-Blicke zu richten auf Abläufe und Orte, die beispielhaft oder bemerkenswert sind. Das mag der Aufbau eines Fabeldorfes inmitten der Heide zum größten Truppenübungsplatz Europas sein oder die Rettung eines verfallenden Kinos in der Provinz durch Jugendliche, ein Ort der Besinnung für Verbindungsstudenten oder der Kampf um ein Denkmal für die Zarin oder für das Recht. Die meisten Beiträge sind in der F. A. Z. als Streifzüge oder Reportagen oder Analysen erschienen, aber alle wurden fortgeschrieben und angepasst. Wenn sich hier und da Hinweise, historische Bezüge verdoppeln, so geschieht das bewusst, um sie jeweils in einen Zusammenhang zu stellen.

Magdeburg

Das Recht der Schöffen

Einmal jährlich ist der Magdeburger Jurist Thomas Veil in Kiew. Dort hatte er die weithin sichtbare Säule kennengelernt und das Museum, die die Bürger der ukrainischen Hauptstadt als Dank an die Magdeburger Bürger errichteten – eines der wenigen Monumente einer Rechtsordnung irgendwo. Nun wollen auch die Magdeburger dem „Magdeburger Recht" ein Denkmal bauen. Vier Jahrhunderte lang hatte dies Stadtrecht das östliche Mitteleuropa beeinflusst. Es vereinfachte das städtische Gerichtsverfahren, stärkte persönliche Freiheiten und das Eigentumsrecht und minderte Willkür. Davor konnten Familienangehörige für Delikte ihrer Verwandten in Sippenhaft genommen werden. Vor allem war es ein Recht der Kaufleute, das so den Handel innerhalb Europas erleichterte.

Veil, früher im Magdeburger Innenministerium für Kommunen verantwortlich, fand für sein Vorhaben Zustimmung über Parteigrenzen hinweg. So dürfte dem Denkmal nicht das gleiche Schicksal drohen wie anderen Vorhaben in Magdeburg – von dem geplanten Kirchennachbau der Ulrichskirche bis zu manchen Skulpturen –, die zerredet und verhindert wurden. Standort könnte der Ort nahe dem Rathaus sein, an dem der erste Schöffenstuhl (Schöppenstuhl) war für elf Schöffen, die auf Lebenszeit ernannt wurden. Sie waren auch oberste Berufungsinstanz für Urteile von Breslau bis Vilnius. In jedem Urteil jener etwa siebenhundert Städte im Mittelalter wurde auf die Magdeburger Schöffen verwiesen.

Erst 1631 ging diese Tradition unter. Im Dreißigjährigen Krieg wurde das Archiv und damit die Grundlage für das Stadtrecht eines Drittels Europas zerstört – in Kiew aber galt es bis 1834. Ansätze zur Wiederbelebung gibt es von der Sammlung der Rechtssprüche bis zu Initiativen einer deutsch-polnischen Gesellschaft. Die Sächsische Akademie der Wissenschaften zu Leipzig widmet sich seit 2004 mit mehreren Handbüchern interdisziplinär und kultur- und sprachgeschichtlich dem Magdeburger Stadtrecht und dem Sachsenspiegel als Bindeglied zwischen Rechtsordnungen von elf Ländern Ost- und Mitteleuropas – von Russland über Ungarn bis Estland – und als Bande im modernen Europa. Nun wollen Bürger der Stadt diese Erinnerung pflegen und die Seele einer im Krieg und danach geschundenen Stadt auch in einem Denkmal wiederfinden. Denn trotz aller Rückschläge zeigte die Studie eines Meinungsforschungsinstituts, dass Magdeburger den Wohlfühlfaktor „Heimat" mit weitem Abstand höher bewerten als die Bewohner jeder anderen deutschen Großstadt.

Der erhabene Dom

Archäologen hatten über Jahre hinweg Grund zum Jubel: Bei der wichtigsten Domgrabung in Deutschland stießen sie fast täglich auf neue Spuren und Erkenntnisse. Auf dem Magdeburger Domhügel fanden sie nicht nur Mauerreste aus dem zehnten Jahrhundert, Grabstätten und Säulenfragmente, sondern auch Fundamente von gleich zwei Kirchen. Eine dieser beiden Kirchen war der Kaiserdom Otto des Großen (912–973), des Begründers des Heiligen Römischen Reiches Deutscher Nation, der im „heutigen" Dom begraben ist. Welche der nun entdeckten gewaltigen Doppelkirchenanlage, vermochten die Forscher noch nicht zu sagen – seit einem Jahrzehnt suchen sie nach dieser Antwort.

Einst ähnelte die königliche Stadt Magdeburg, wohl die häufigste Kaiserpfalz des Reichsgründers, an Bedeutung Kon-

stantinopel, Rom, Aachen – der Domplatz ist seit sieben Jahrtausenden besiedelt; und einmal jährlich wird er in der „Stadt der Radfahrer“ auch umrundet von Radsportlern im Rennen „Rund um den Dom“. Überall gab es Gerüste – auf der Domspitze, im Dom und unter dem Boden. Wurden sie mal abgebaut, folgte bald die nächste Einrüstung. Der Dom Sankt Mauritius und Katharinen ist wie der Kölner Dom eine ewige Baustelle. Trotz ständiger Arbeiten am höchsten und größten Sakralbau Ostdeutschlands kommt man mit den Baumaßnahmen nicht nach, die Fassade bröckelt.

Die Bedeutung des Magdeburger Wahrzeichens zeigt sich immer wieder, etwa mit dem ersten Treffen der Nordeuropäischen Kathedralenkonferenz dort auf deutschem Boden oder als Vertreter elf christlicher Kirchen in Deutschland bei einem ökumenischen Gottesdienst im Dom eine Erklärung unterzeichneten, mit der sie Taufen wechselseitig anerkannten. Der Ort war nicht zufällig gewählt: Im Dom hatte zuvor eine Ausstellung „Tausend Jahre Taufen in Mitteldeutschland“ Aufsehen erregt, gruppiert um den Taufstein aus Rosenporphyr, den Kaiser Otto der Große über die Alpen bringen ließ. Er dient seit mehr als tausend Jahren Taufen im Dom, also schon in Zeiten, als Ost- und Westkirche oder gar Katholiken und Protestanten sich noch nicht getrennt hatten. Otto hatte sich sechs Jahre lang in Italien aufgehalten – der Wanderkönig, der von Pfalz zu Pfalz ritt, wurde mit 24 Jahren König der Ostfranken, mit 39 König von Italien und vor seinem Fünfzigsten deutsch-römischer Kaiser.

Die Baugeschichte des Doms wird ständig neu erforscht. So bewegt Magdeburger, warum nur einer der beiden Türme eine Kreuzblume hat. Eine Bauhistorikerin ordnet die Baugeschichte der ersten gotischen Kathedrale nördlich der Alpen zwischen 1209 und 1529 in elf klar getrennte Bauabschnitte. Die Domforschung konzentrierte sich auf das, was vor dem Baubeginn des heutigen Doms und unter dem Domplatz geschah. Auf ihm wurde in ottonischer Zeit das Ostfränkische Reich neu konsti-

tuiert, die Grundlage zum heutigen Deutschland und zugleich Ausgangspunkt des Magdeburger Stadtrechts. Grabungen brachten die Erkenntnis, dass Magdeburg zwischen dem zehnten und dem dreizehnten Jahrhundert nicht nur ein bedeutendes Zentrum des Heiligen Römischen Reichs Deutscher Nation war, sondern auch reicher mit Gebäuden ausgestattet als von Historikern vermutet.

In der Regierungsstraße beim Dom parallel zur Elbe entdeckten Archäologen gut erhaltene karolingische Befestigungsgräben, wohl aus dem neunten Jahrhundert, Reste von Palisadenpfosten und einer gepflasterten Straße, und sogar ein Grubenhaus aus dem achten Jahrhundert. Grabstellen und Umrisse früherer Kirchenbauten trugen bei zum Wissen um die Geschichte des Vorgängerdoms, Sitz eines Erzbischofs, in dessen Krypta 973 der erste deutsche Kaiser beigesetzt wurde. Beim Stadtbrand am Karfreitag 1207 blieben Reste des von Zeitgenossen bewunderten spätromanischen ottonischen Doms erhalten. Formen für die Herstellung hochwertiger Ofenkacheln – die Töpferwerkstätte wurde vermutlich wie fast das gesamte Magdeburg 1631 zerstört – gelten als kleine Sensation: Einen ähnlichen Fund habe es, so Archäologen, bislang in Mitteleuropa nicht gegeben. Nicht nur im frühen Mittelalter und in den Wendemonaten 1989 spielte der Dom in der Stadtgeschichte eine herausragende Rolle – auch 1631: Da hatte der Domherr in der ersten Großstadt, die sich zum Protestantismus bekannte und daher zerstört wurde, um die 4.000 Überlebende, die sich in den Dom gerettet hatten, mit seinem „Magdeburger Kniefall" gerettet.

Nicht nur vor dem Westwerk unter den gut hundert Meter hohen Türmen wurde gegraben, sondern zeitweise im Dom selber. Der wichtigste Fund dort war der Bleisarg der Königin Editha (910–946), der ersten Gemahlin Kaiser Ottos des Großen. Er hatte seiner britischen Frau Magdeburg zur Morgengabe geschenkt. Wegen ihrer herausragenden Bedeutung für Magdeburg und der ihres Mannes für die deutsche Geschichte erregte

der Fund die Gemüter – zumal die Gebeine zur Untersuchung „stillheimlich“ nach Halle verbracht wurden, was Magdeburger als Schmähung sahen.

Die Untersuchungen waren kompliziert. Knochensplitter wurden in Großbritannien analysiert. Isotopen ihres Zahnschmelzes bestätigten, dass sie in ihrer Jugend Quellwasser aus Kreidehügeln Südenglands getrunken hatte. Das überzeugte Denkmalschützer, dass dies wirklich die Überreste der Königin sind. Damit ist ihres auch das älteste erhaltene Skelett eines Mitglieds des englischen Königshauses – ein Grund für lebhaftes Interesse in Großbritannien. Britische Zeitungen beschrieben sie als „Lady Di des Mittelalters“. Als die Königstochter und Königin Editha (Edgith), die Stammmutter der Salier, im Sarg aus Halle zurück in die Stadt kehrte, in der sie fast kultartig verehrt wird, hatte Magdeburg im doppelten Sinn seinen Stolz wiedererlangt. Stolz haben Magdeburger ohnehin: Nach einer vergleichenden Umfrage in 15 deutschen Großstädten in West und Ost im Sommer 2012 lag der Heimatstolz der Magdeburger weit vor dem Zweitplatzierten. 94 Prozent der Befragten waren stolz, in Magdeburg zu leben.

Selten zog ein Sarg so viel Aufmerksamkeit auf sich. Für die Ausgestaltung gab es einen künstlerischen Wettbewerb. Neun Sargentwürfe wurden im Kulturhistorischen Museum vorgestellt. Der Siegerentwurf in Form eines filigranen Bergkristalls wurde im Dom in Anwesenheit von Bischöfen und Politikern wieder dem steinernen Editha-Sarkophag beigelegt, dem Prunkstück des Chorumgangs. Umhüllt wurde er mit feinem Silberblech. In ihn legten Denkmalschützer, eine Bildhauerin und ein Goldschmied die in Leinen gehüllten Knochen.

Der Tag, an dem die Angst schwand

Immer wieder im Dom das Wort Angst. Selbst Wolfgang Böhmer, als Chefarzt wie auch als Ministerpräsident furchtlos und

unabhängig, sagt, in jenen Tagen habe er Angst gehabt. Der Oberbürgermeister von Magdeburg Lutz Trümper wollte am 9. Oktober 1989 dem Montagsgebet im Dom fernbleiben und wurde erst von seiner Frau dorthin getrieben. Die Gedenkfeier wird zum Tag der Wahrhaftigkeit und der Nähe. „Alle" Politiker Sachsen-Anhalts, vor allem aber Zeitzeugen aus den Wendetagen, sind da. Zum Ende spricht jeder mit seinen Nachbarn, mittlerweile auf dem Domplatz nach einem Kerzenzug und Glockengeläut. Dies sei der Tag gewesen, so der Kernsatz des Dompredigers Giselher Quast heute – er stand vor zwanzig Jahren an gleicher Stelle –, an dem die Bevölkerung zwar noch nicht die DDR besiegt habe, wohl aber ihren größten Feind, die Angst. An jenem Tag standen 4.000 im Dom Betende bis zu 10.000 Sicherheitskräften gegenüber. Anders als zwei Tage zuvor schritten sie nicht ein: der Tag der Entscheidung, der inneren und äußeren Wende.

Zur Nachdenklichkeit ruft selbstkritisch Trümper auf: Am 9. Oktober seien im Dom 4.000 mutige Menschen gewesen, 280.000 aber blieben zu Hause. Sie waren in den Betrieben und an den Universitäten gewarnt und eingeschüchtert worden. Ein Redner zitiert den Satz „ich schäme mich meiner Feigheit". Zumindest für jene viertausend galt das nicht. Am gleichen Abend aber waren in Leipzig 70.000 Menschen auf der Straße; selbst in Plauen ging zwei Tage zuvor jeder fünfte Bürger zum Protest. Auch beim Dokumentieren des Tages waren Magdeburger zaghaft: Eine Ausstellung im Alten Rathaus und zeitgleich in der amerikanischen Partnerstadt Nashville zeigt Fotos aus den Tagen vor und nach dem 9. Oktober, vom wichtigsten Tag aber fehlen Aufnahmen. Leipziger gingen seit Anfang September auf die Straßen, die Magdeburger erstmals im Oktober. Jenen vielen Namenlosen, den stillen Helden, die ein hohes persönliches Risiko eingingen, dankt Böhmer – sie seien Vorbild auch für die Jungen.

Nicht eine dritte Auferstehung

Zeitweise schien eine andere Kirche vom Glanz des Doms abzulenken – sie spaltete Magdeburg wie weniges. Eine Bürgergruppe hatte den Wiederaufbau der Ulrichskirche betrieben, eine andere versuchte das durch einen Bürgerentscheid zu verhindern – am Ende erfolgreich. Der Stadtrat hatte gegen Widerstand vor allem aus der Linkspartei den Bauplatz für ein Jahrzehnt reserviert für einen Wiederaufbau des für die Reformationsgeschichte zentralen Baus. Öffentliche Gelder sollte es aber nicht geben. So gab es zwei Hürden für einen nach der Dresdner Frauenkirche, der Potsdamer Garnisonskirche und der Universitätskirche in Leipzig vierten spektakulären Wiederaufbau einer zerstörten geschichtsträchtigen Kirche nach dem Zweiten Weltkrieg, die Spendenbereitschaft und den Bürgerentscheid. Das Kuratorium Ulrichskirche verwies darauf, dass die Baupläne sorgfältig dokumentiert sind. Die Aufbau-Bürger trugen Originalsteine zusammen zum Bau, der nach der Einweihung – geplant am 500. Jahrestag der Reformation im Oktober 2017 – eine Kirche ohne eigene Gemeinde werden sollte, ein Dokumentationszentrum des Protestantismus.

Kaum ein anderes Thema hatte Magdeburger nach der Wende so bewegt wie der (Nicht-)Wiederaufbau der Ulrichskirche. Auf zwei Argumente hatten sich die Befürworter gestützt – städtebauliche und historische. Der Leiter des Stadtplanungsamtes sagte, der Ulrichsplatz als zentraler Punkt der nach den Kriegszerstörungen weitgehend gesichtslosen Stadt sei doppelt so groß wie der Markusplatz in Venedig; eine Stadt, die in ihrem Zentrum eine Liegewiese habe, habe ein städtebauliches Problem. Einst beherrschte die Doppelturmkirche neben dem Dom das Stadtbild. Die SED ließ die tausend Jahre alte nachottonische Kirche 1956 sprengen, obwohl sie nur wenig zerstört war. Als der Widerstand gering war, folgten in Magdeburg still sieben weitere Kirchenabrisse.

Dazu kam die reformationsgeschichtliche Bedeutung als „Unseres Herrgotts Jungbronnen". Als kaisertreue Truppen 1547 Wittenberg besetzten, verlegten geflohene Geistliche das Zentrum der lutherischen Reformation nach Magdeburg als „letzte Bastion des Glaubens". Von Magdeburg und der Kirche St. Ulrich und Levin aus wurden reformatorische Streitschriften für freie Religionsausübung, die ganz Europa bewegten, versandt, die Magdeburger Centurien. In St. Ulrich wurde der erste Abendmahlgottesdienst nach protestantischem Verständnis gefeiert.

Gut drei Viertel der Magdeburger aber sprachen sich im ersten Bürgerentscheid der Landeshauptstadt, parallel zur Landtagswahl im März 2011, gegen einen Wiederaufbau aus. Das Kuratorium hoffte dennoch, dass mittelfristig die Stimmung kippen könnte. Denn zur klaren Ablehnung mag die Fragestellung beigetragen haben: Wer für einen Aufbau war, musste mit Nein stimmen. Zudem sahen Kritiker in der „historisierenden, nicht historischen" Kirche einen Fremdkörper im neu entwickelten Stadtbild und eine Investitionsruine, die die Proportionen des Platzes sprenge. Der Bürgerentscheid bindet den Stadtrat, der das Grundstück zur Verfügung gestellt hatte. Dennoch beschlossen die Aufbaubefürworter unmittelbar nach dem Bürgerentscheid, zumindest die Grabungen fortzusetzen. Damit geht es vorerst nicht mehr um den Bau der Doppelturmspitze, sondern um eine Freilegung von Grundmauern.

Zitadelle und Handball: Jeder Pole kennt Magdeburg

Magdeburg steht in jedem polnischen Geschichtsbuch: Dort war Marschall Jozef Pilsudski – ebenso wie später Charles de Gaulle – bis zum 10. November 1918 in der Festung als politischer Gegner inhaftiert. Der Schriftsteller und Diplomat Harry Graf Kessler holte ihn im Auftrag der Reichsregierung ab und brachte ihn mit einem Sonderzug nach Warschau, wo der Tag seiner Heimkehr zum Nationalfeiertag wurde. Magdeburg

erinnerte an den Freiheitshelden Polens mit einer Ausstellung. Das östliche Nachbarland ist auch sonst immer wieder präsent mit Wirtschaftstagen, dem Bundeskongress der Deutsch-Polnischen Gesellschaft, Feiern der Partnerregionen Masowien und Sachsen-Anhalt, dem Magdeburger Stadtrecht.

Am wichtigsten in den Jahren um und nach 2007 aber war zweierlei – Pilsudski und der Handball. Der polnische Botschafter hatte damals beim Magdeburger Oberbürgermeister angeregt, an die Inhaftierung ihres Nationalhelden Pilsudski in der Magdeburger Zitadelle zu erinnern. Fast alle stimmten zu. Ein junger Stadtrat aber lehnte das für seine Linkspartei ab – es gebe schon genug Pilsudski-Ehrungen in Polen, und mit Magdeburg habe er wenig zu tun. Er nannte, was Polen erzürnte, den Vater ihrer nationalen Unabhängigkeit einen „Faschisten". Während das am Ort des Geschehens, in Magdeburg, kaum die Zeilen der Lokalpresse erreichte, regten sich große polnische Zeitungen auf. Die „Gazeta Wyborcza" sprach in der Überschrift von einem „deutschen Krieg gegen Pilsudski", und „Polityka" wies darauf als Beispiel, wie Politiker und Journalisten, anders als Historiker, an nationale Mythologien gebunden seien und Geschichtspolitik als Konfrontation mit dem Feind sehen. Polnische Zeitungen erkannten ihren Feind: die Linkspartei. Deren Fraktion hat im Magdeburger Stadtrat die von Polen erbetene Ehrung abgelehnt. An Pilsudskis Magdeburger Festungszeit erinnert selbst am Burgberg in Krakau eine Gedenktafel – nur in Magdeburg war sie von der Linken unerwünscht; unklar ließ sie, ob das so war, weil der Marschall gegen die russische Herrschaft gekämpft hatte oder weil er Polen zeitweise mit autoritären Zügen regierte.

Harmonischer war es da ein Jahr zuvor, 2007, beim Handball zur Weltmeisterschaft, in dessen Finale Deutschland Polen knapp besiegte – nicht nur, weil sechs Vorrundenspiele im Spielort Magdeburg ausgetragen wurden. Fast das gesamte Kabinett Sachsen-Anhalts kam danach in die Staatskanzlei, um die Weltmeister zu ehren, aber jeder aus einem anderen Grund:

der Kultusminister aus Respekt vor der Leistung, der Chef der Staatskanzlei als Lokalpatriot und der Verkehrsminister, weil er selber lange Jahre in Vereinen Handball spielte. Er war der einzige Landesminister, der als Hobby „Handballfan" angab. Der Ministerpräsident Wolfgang Böhmer beließ es nicht bei Bekundungen, sondern überreichte den sieben Spielern des Magdeburger SC, die zum Titelgewinn beitrugen, und ihrem damaligen polnischen Vereinstrainer Bogdan Wenta eine Torte mit gelbem Zuckerguss, rotem Handball und dem Landeswappen. Und das, obwohl Wenta im Finale „auf der anderen Seite" stand als Nationaltrainer Polens. Grenzgängerischer zwischen Polen und Deutschland – Wenta war zur selben Zeit Cheftrainer des SC Magdeburg und polnischer Nationaltrainer – konnte ein Sportereignis in den Nach-WM-Tagen kaum sein, zumal der polnische Botschafter in Berlin, Marek Prawda, Böhmer bei der Tortenübergabe assistierte. So viel Sympathie, wie die Sportler erhielten, mache ihn als Politiker schon neidisch, bekannte Böhmer. Schon vor dem neuen Wintermärchen bei der Weltmeisterschaft war Magdeburg deutsche Handball-Metropole, nämlich seit 80 Jahren. Zwischen 1970 und 1991 gewann der SC Magdeburg 22 Meisterschaftsmedaillen in Folge, fünfmal siegte er im Europapokal, zuletzt 2002, zudem holte er 2001 den deutschen Meistertitel und den Titel beim Supercup. Als einziger Verein der neuen Bundesländer etablierte der SCM sich dauerhaft in der 1. Bundesliga. Jetzt aber leiden die Elbestädter darunter, dass ihre erfolgreich gefundenen und gut ausgebildeten Jugendlichen dann nach ihrem Erfolg von Westvereinen mit mehr Geld aufgekauft werden. Jeweils mehrere Polen spielen gleichzeitig in Magdeburg und in der polnischen Nationalmannschaft – als Mittelmann, Werfer, Kreisläufer. Seit der Handball-Weltmeisterschaft und den Vorrundenspielen in Magdeburg wüssten „alle" Polen, so Böhmer, wo Magdeburg liege; und erst recht seit dem Finale, in dem gleich fünf Spieler auf beiden Seiten und der polnische Trainer Magdeburger waren. Zum ersten Mal sei er richtig stolz, berichtete Marek

Prawda, dass er in Kielce geboren sei – „dem polnischen Magdeburg“. Für die Verflechtung beider Nationen zu einem Europa gebe es kaum ein besseres Symbol als die Handballer bei der WM. Das Wiederaufblühen des Handballs in Polen nach fast einem Vierteljahrhundert geringerer Ausstrahlung sei im großen Maße den Spielern zu verdanken, die in deutschen Vereinen wie Magdeburg spielten.

Nischen des Muts und des Verrats

Neben den Kirchen gab es in der DDR weitere Nischen des Muts – Jazzklubs, Lesezirkel, Theaterklubs; und Bereiche, in denen Vertrauen zum Wesenskern zählte. Auch dort aber gab es Verrat, ob in scheinbaren Freiräumen wie den Filmklubs oder in Kliniken und in Arztpraxen in Sachsen-Anhalt. Erst in jüngeren Jahren wird dieser Verrat untersucht und offengelegt – mal in, gemessen am Sachverhalt, geradezu erschreckend nüchternen Forschungsstudien, mal in Ausstellungen. Zu jenen, die sich dem schwierigen Umgang mit der jüngeren Vergangenheit zuwenden, zählt das Bürgerkomitee Magdeburg. In seinen Räumen im ehemaligen Untersuchungsgefängnis der Staatssicherheit am Moritzplatz wird das oft wenig beachtet von jenen, um die es geht.

Filmklubs: Ihre ehemaligen Mitglieder hatten unter Kontrollversuchen, Verboten und Zensur gelitten, wiewohl keiner von ihnen deshalb in Haft kam. Sie sahen sich aber, berichten sie, nicht als Widerständler. Sie wollten damals einfach nur gute Filme sehen, die die Partei ihnen vorenthielt. In den siebziger Jahren hatte die SED Filmklubs noch in der Hoffnung gegründet, das Freizeitverhalten Jugendlicher besser kontrollieren zu können. Zunehmend gewannen Filmklubs – allein im Bezirk Magdeburg waren es 21 – aber an Eigenleben. Belegt ist, dass Mitglieder der Klubs Anwerbungsversuchen der Staatssicherheit widerstehen konnten, ohne Folgen. Behauptungen Inoffizieller

Mitarbeiter, man habe sich dem Werben der Stasi nicht erwehren können, kann diese Geschichte der Filmklubs entkräften. Immerhin 2.500 Mitarbeiter hatte die Stasi allein in Magdeburg und mehr als 30 „Objekte", oft konspirative Wohnungen.

Wenn die Zensur Programmplakate des Magdeburger Studio-Kinos verbot, veröffentlichte das Kino sein Programm auch einmal als leeres Blatt oder mit einem stilisierten Fragezeichen und blieb dennoch unbehelligt. Wie sich die Staatsführung die Kinowelt vorstellte, zeigen Akten: Maßnahmepläne der Bezirksräte, aufgestellt nach Anweisungen des Kulturministeriums, sahen vor, dass der 1977 gedrehte Dokumentarfilm „Die alte neue Welt" in Klötze 1.900 Zuhörer zu haben habe, in Magdeburg aber 16.800. Die stärksten Zeichen freiheitlichen Denkens kamen in den späten achtziger Jahren von Filmen aus Polen und Ungarn, zuletzt auch aus der Sowjetunion, jeweils dank ihrer Kulturbüros in Ost-Berlin. Die DDR-Machthaber aber versuchten auch da noch zu gängeln.

Unerwarteter und härter war es, wenn Ärzte und Krankenschwestern dem Ministerium für Staatssicherheit Informationen gaben unter Bruch ihres hippokratischen Eids. Ärzte müssten zu Patienten nicht nur Vertrauen aufbauen, sondern sie auch um deren Seelenruhe willen belügen; daher seien Ärzte bessere Schauspieler und Spitzel als andere, sagte ein Chirurg. Er verriet 36 Jahre lang intime Einzelheiten zahlloser Patienten an die Stasi und horchte Kollegen aus. Dies sei „ein Abgrund tiefster Morallosigkeit", befand der Biologe Ulrich Mielke in einer umfangreichen Studie, die er beim Bürgerkomitee Sachsen-Anhalt in Magdeburg vorstellte. Über 726 Seiten hinweg enthält Mielkes Untersuchung nicht nur Dokumente – Verpflichtungserklärungen, Berichte, Aufzeichnungen über Gegenleistungen des Staates an Inoffizielle Mitarbeiter (IM) im Bezirk Magdeburg. Er nennt Decknamen und volle Namen, Geburtsdaten und Wohnorte von 36 ehemaligen IM. Sie waren Ärzte, Krankenschwestern, technische oder kaufmännische

Mitarbeiter an Polikliniken und Bezirkskrankenhäusern. Auch hier aber war es möglich, dem Druck der Stasi zu entgehen: Im Kreis Haldensleben etwa, so eine der Studien Mielkes, gab es weder bei den Kreisärzten noch den Zahnärzten IMs.

Dem habilitierten Chefarzt für Chirurgie widmet er 50 Seiten. Dieser war 1968, also während des sowjetischen Einmarsches in Prag, ein halbes Jahr lang als Spion ausgebildet worden. Er erhielt neben Geldprämien gleich drei Treuemedaillen der Nationalen Volksarmee in Bronze, Silber und Gold. Er zeichnete sich aus durch sicheres und gewandtes Auftreten und genoss das Vertrauen anderer Ärzte. Er lud sie des Öfteren zu „Herrenessen" mit reichlichem Alkoholgenuss und berichtete anschließend über sie. Mehrfach meldete er Angehörige der „medizinischen Intelligenz", die die DDR verlassen wollten. In einem Fall riet er, einen Patienten trotz dessen schlechten Gesundheitszustands in das Heimatkrankenhaus zu verlegen, damit dessen Beobachtungen im Kreiskrankenhaus nicht bekannt würden. Er sprach von Rufmordkampagnen gegen den Oberarzt M. – dieser war er selber. Er berichtete über Patienten, obwohl das auch nach dem Strafrecht der DDR widerrechtlich war, und während seiner Urlaube an der Ostseeküste über Fluchtwege.

Krankenschwestern – heißt es in der Studie zu einer Oberschwester, die die Lage „stets vom Klassenstandpunkt" aus einschätzte – seien oft „wesentlich wirkungsvoller als so mancher ärztliche IM". Ein Beispiel war eine Schwester, die über „Ausländer" berichtete – vor allem Deutsche aus dem Westen, die sie in Magdeburg betreute, wenn sie sich auf der Transitautobahn verletzten. Ihr stand eine Fotoausrüstung zur Verfügung, mit der sie deren Unterlagen und Dokumente kopierte. Das Interesse des Ministeriums war breit gestreut. Ein schon als Oberschüler geworbener Molkereifacharbeiter, der nach seinem Wehrdienst Medizin in Magdeburg studierte, bespitzelte seine Mitstudenten. Ein Facharzt für Neurologie und Psychiatrie sollte ihm bekannte Homosexuelle melden – möglicherweise

hielt man diese für erpressbar. Ein Kreisarzt lieferte zwischen 1973 und 1989 insgesamt 75 Personeneinschätzungen. Er trug auf dienstliche Anweisung hin zur „vorbeugenden“ Einweisung einer Person in die Psychiatrie bei. Er meldete alle Selbstmorde aus dem Kreis und ein Planungswirtschaftler die Suchtkranken im Bezirk.

Der Landesbeauftragte Sachsen-Anhalts für die Unterlagen des Staatssicherheitsdienstes nannte die Forschungshefte niederschmetternd. Die ärztliche Schweigepflicht wurde auch zu anvertrauten intim-persönlichen Tatbeständen gebrochen und verraten. Indes habe die Forschung gezeigt, dass die Staatssicherheit zwar versuchte, überall zu sein, dass ihr das aber bei Weitem nicht gelang – es gab genügend Couragierte, die dem Druck widerstanden. Die Enttarnung ehemaliger Spitzel in der DDR und ihrer Rolle leidet nicht nur darunter, dass weite Teile der abgedruckten Dokumente geschwärzt werden mussten, um Opfer zu schützen; es bleibt auch unbekannt, welche Auswirkungen die Spitzeltätigkeit auf die Bespitzelten und ihr Leben hatte. In jedem Fall zeigt die Studie, dass es durchaus möglich war, sich dem Verrat zu verweigern – an der Universität Halle führte das MfS gleichzeitig 500 IM, im Gesundheitswesen der Region Magdeburg waren es nicht so viele.

Hingucken – Kampf gegen Heilrufe

Glaubwürdiger hätte das Lob kaum sein können; und wohltuender für ein Bundesland, das oft hingestellt wird als Tummelplatz für rechtsradikale Gewalttäter. Stephan Kramer, Generalsekretär des Zentralrats der Juden in Deutschland und Kritiker aller Ansätze fremdenfeindlichen Gedankenguts, lobte Sachsen-Anhalt für sein Programm „Hingucken“, ein von der CDU/SPD-Regierung angestoßenes Netzwerk gegen ausländerfeindliche Übergriffe. Als „Hingucken“ im Jahr 2006 begonnen wurde, sei er skeptisch gewesen. Es sei aber

enorm viel passiert. Landesregierung und Bürger hätten den Kopf nicht in den Sand gesteckt. Darauf könnten sie stolz sein. Kramer lobte die Landeszentrale für politische Bildung als „richtig gut", weil sie offensiv das Gespräch mit der NPD gesucht habe, was ihrem damaligen Leiter im Lande einige Kritik gebracht hatte.

Der Regierung fiel im Kampf gegen den Rechtsextremismus so manches ein. So legte sie eine Debatte mit dem Ministerpräsidenten, dem Landtagspräsidenten, Kramer und dem Präsidenten des Fußballclubs FC Magdeburg in die Aula des Hegelgymnasiums in Magdeburg – dort wurden sie von Schülern befragt. Einig waren sich alle, dass das Bild der Rechten sich wandle von gewaltbereiten Glatzköpfen zu viel gefährlicheren Brandstiftern im Hintergrund. Ein Senegalese berichtete dort, den Alltagsrassismus habe er erst seit 1990 erlebt – zuvor sei er aber als Student in der DDR ohnehin von der Bevölkerung abgeschottet gewesen. Ein anderes Mal gingen die Politiker in eine Berufsschule in Schönebeck, wo sie mit einer Lesung aus dem „Tagebuch der Anne Frank" gegen die Verbrennung des Tagebuchs und einer amerikanischen Fahne sowie die darauf folgende Sprachlosigkeit bei einer „Sonnenwendfeier" im Dorf Pretzien protestierten.

Wie schwierig die Bemühungen der Politik sein können, zeigte das Konzert einer Big Band in der Staatskanzlei in Magdeburg mit dem Landtagspräsidenten, Ministern und Landtagsabgeordneten. Rechtsextreme, alle um die zwanzig Jahre alt, kauften Karten, um hineinzukommen, verteilten Flugblätter und entrollten ein Transparent, bevor die Polizei die Störer aus dem Festsaal verweisen konnte. Einige der Demonstranten gehörten dem Jugendflügel der NPD an. Die Partei wollte mit ihrer Aktion im politischen Herzen des Landes Präsenz zeigen. Vor allem versuchen Rechtsextreme überall dort zu sein, wo die Kampagne „Hingucken" über sie aufgeklärt, das „Netzwerk für Demokratie und Toleranz" oder auch der private Verein „Miteinander", der Jugendzentren und Opfern rechtsextremer Ge-

walttaten hilft. Polizeilich bekannte rechtsextreme Vorfälle gab und gibt es oft. Besonders häufig wurden Rufe „Heil Hitler" oder „Sieg Heil" bekannt – selbst beim Laternenfest eines Kindergartens oder beim Rosenkranzgebet in einem katholischen Gottesdienst.

Alle zwei bis drei Tage wird in Sachsen-Anhalt eine rassistische oder rechtsextrem motivierte Gewalttat bekannt. Indes bezieht das Land auch mehr Straftaten in die Kriminalstatistiken ein als andere Bundesländer, etwa das Zeigen verbotener Symbole. Zum einen, so der Verfassungsschutz, häufen sich rassistische Angriffe auf dunkelhäutige Deutsche, auf Asylanten und auf ausländische Studenten. Dabei leben in Sachsen-Anhalt gemessen an der Gesamtbevölkerung weniger Ausländer, insgesamt 45.000, als in jedem anderen Bundesland. Zum anderen steige die Gewalt gegen politische Gegner durch organisierte Gewalttäter aus neonazistischen Kameradschaften. Zudem sinkt die Hemmschwelle bei Gewalt. Schwerpunkte der Übergriffe sind nach Angaben der Mobilen Opferberatung des Landes die Harz-Region, die Landeshauptstadt Magdeburg sowie Dessau-Roßlau.

Die rechtsextrem motivierte Gewalt durch Jugendliche steht im Zusammenhang mit hoher Arbeitslosigkeit und fehlenden Berufsperspektiven. Einfache Erklärungsmuster – „arbeitslos, arm, rechtsradikal" – gibt es nicht. Die stärksten Übergriffe gibt es weniger im sozial schwachen Umfeld von Großstädten als in „beschaulichen kleinen Orten" unter Jugendlichen, die in gesicherten Umständen aufwachsen. Es gibt ein Bildungs- und ein Wertedefizit sowie eine schleichende Akzeptanz rechten Gedankenguts und Handelns in der Bevölkerung. Sachsen-Anhalt gilt noch vor Thüringen als das demografische Notstandsgebiet des europäischen Kontinents; nirgends wanderten so viele junge Frauen ab. Größte Opfergruppe im Land Sachsen-Anhalt bleiben „alternative" Jugendliche und junge Erwachsene. Mit Drohungen und Gewalt versuchten Kameradschaften und deren Umfeld, „nichtrechte und alternative

Jugendliche" einzuschüchtern und die rechtsextreme Jugendkultur auszubauen.

Callcenter: Zwölf Millionen Kontakte jährlich

Sollte ein Fernsehfilm hier gedreht werden, müsste er mehr Hektik zeigen, als sie hier sichtbar wird, und eine größere Lautstärke: Der helle Großraum im Callcenter in Magdeburg wurde so gebaut, dass trotz zwei-, dreihundert Menschen, die gleichzeitig sprechen, nur ein Gesäusel zu hören ist. Dabei prangt auf einer Wand der Hinweis, das Callcenter – es ist nur das drittgrößte in der Landeshauptstadt – habe jährlich zwölf Millionen Kundenkontakte. Das sind 33.000 Anrufe täglich; auf jeden Arbeitsplatz fallen rund um die Uhr mehr als hundert Anrufe. Zumindest der erste Eindruck überrascht. Immer wieder winken Mitarbeiter ihren Chefs oder anderen zu oder scherzen. Gespielt ist das nicht, denn sie wissen nicht, dass der Besucher, der herumstreift, eigentlich nicht da sein darf. 800 Mitarbeiter gibt es hier direkt gegenüber dem Hauptbahnhof Magdeburg – durch Wechselschichten arbeiten zeitgleich zwischen 300 und 400 an den Telefonanlagen.

Der Ruf der Branche mit 450.000 Angestellten in Deutschland ist angeschlagen. Dazu tragen schwarze Schafe unter den Telefonanbietern bei, deren Zahl auf bis zu ein Viertel aller Callcenter geschätzt wird. Sie verkaufen etwa ungefragt älteren Menschen Gewinnspiele und Lotterielose. Bei den Vorwürfen gegenüber den Unternehmen geht es um niedrige Löhne, unsichere Arbeitsplätze, harte Arbeitsbedingungen oder Abzocke des Telefonkunden. Zwischen fünf und neun Euro Stundenlohn erhalten Mitarbeiter beim Direktmarketing am Telefon. Einige der Vorwürfe treffen auch dies Zentrum. Fast alle größeren Call-Zentren liegen wie dieses östlich der Elbe. Neben der erhöhten Arbeitslosigkeit, die niedrige Löhne ermöglicht, tragen staatliche Subventionen dazu bei, die die fünf ostdeutschen

Bundesländer für neue Ansiedlungen bieten. Diese werden, da alle um die Schaffung von Arbeitsplätzen buhlen, nicht miteinander abgesprochen. So fällt es den weniger Seriösen leicht, Teile der Büro- und der Personalkosten mit Subventionen zu finanzieren. Nach zwei, drei Jahren, wenn diese auslaufen, ziehen sie in ein anderes Bundesland um und fangen dort neu an, wieder mit staatlicher Hilfe.

Das geht, weil die Kernmannschaft der Anrufzentralen bleibt, die Mitarbeiter aber leicht austauschbar sind. Deren Konstruktion beruht dank der Rechtslage darauf, dass die Mehrheit der Angestellten nicht länger als zwei Jahre dabei ist. Um auf rasch wechselnde Anforderungen der Kunden und der Auftraggeber einzugehen, auf Schwankungen zwischen dem Weihnachtsgeschäft, dem Versand halbjährlicher Kataloge und dem Sommerloch der Urlaubswochen, und trotzdem bei knapper Marge einen Gewinn zu erwirtschaften, schließt der Arbeitgeber mit den meisten Mitarbeitern nur Zeitverträge auf einige Monate ab. Diese können nach der Rechtslage nur dreimal verlängert werden. Dann oder nach zwei Jahren müssen sie zwingend in einen unbegrenzten Stammvertrag geändert werden, ebenso, wenn ein Mitarbeiter nach der Vertragsauflösung wieder eingestellt wird. Flexible Verträge mit gleitender Arbeitszeit scheinen Teilen der Mitarbeiter zu behagen – Studenten auf der Suche nach Nebenjobs oder Müttern oder Langzeitarbeitslosen, die so Erfahrungen sammeln und ihren Lebenslauf verbessern.

Sie alle werden aus- und fortgebildet, je nach Anforderungen zwischen zwei und acht Wochen. Der Ausbildungsraum ist eines der wenigen verglasten Zimmer, die das Großraumbüro mit seinen Telefonanschlüssen umgeben. Dort lernen Mitarbeiter, mit den Anrufern freundlich und sachkundig umzugehen, sowie die Kunst der Gesprächsführung – Testanrufe überprüfen das. Am Ende eines solchen Testanrufs lobt oder tadelt der Tester und gibt Hinweise. Daneben gibt es weitere Ausbildungsgänge: für jeden Auftraggeber gesondert. Die einfachsten

Aufgaben am Telefon sind die Entgegennahme von Bestellungen und die Beratung von Käufern über die Arbeitsweise just gekaufter Waschmaschinen oder Herde. Die Antwort kennen die Gesprächspartner am Telefon aus Arbeitserfahrung, mithilfe von zwei, drei Aktenordnern neben sich oder durch das Internet an ihrem zweigeteilten Bildschirm. Neunzig Prozent aller Fragen werden so geklärt. Eine Antwort muss jeweils in wenigen Minuten gefunden werden: Für jeden Telefonanruf zahlt der Auftraggeber einen festgelegten Betrag. Mitarbeiter der fortgeschrittenen Stufe widmen sich Rechnungsrückfragen, Kreditentscheidungen oder der Abwehr von Betrugsversuchen. Das ist dann nicht mehr der übliche Standard wie die meisten jener 33.000 täglichen Anrufe im Zentrum.

Misstöne

Der Wirtschaftsbeigeordnete der Stadt Magdeburg lobt, dass die Einwohnerzahl der Landeshauptstadt entgegen Prognosen nicht sinke, sondern sogar leicht ansteige, vor allem dank Studenten. Für den Zuzug Junger sei die Kultur als „weicher Faktor" mit entscheidend – weder die Hochkultur dürfe wegbrechen noch die freie Kulturszene. Dieselbe Stadt aber hatte binnen Kurzem zwei Bars im Szeneviertel am Hasselbachplatz untersagt, Live-Konzerte zu veranstalten, weil sich jeweils (ein) Anlieger beschwerten – Lärmmessungen gab es nicht. Das waren nicht irgendwelche Bars, sondern jene, die trotz mancher Alternativen als die wichtigsten gelten für gehobene Ansprüche. Die eine, *Riff*, gilt bisweilen als Treffpunkt von Jungsozialisten, im anderen, dem *Café Central*, tummeln sich gerne Grünalternative. Sie fühlen sich wohl am Hasselbachplatz und den angrenzenden Straßen mit ihrer für die Gründerjahre typischen verzierten Blockbebauung – das südliche Zentrum war im Zweiten Weltkrieg zu weiten Teilen unzerstört geblieben.

Das *Café Central* gewann den Kulturpreis „Blauer Bock“ der Stadt, die im Jahr 2020 Kulturhauptstadt Europas werden will. Es wurde zum Anziehungspunkt der deutschen Elektroszene, wo namhafte Bands auf kleinem und plüschigem Raum auftraten. Dort treffen sich die Webaffinen und ein Medienstammtisch, finden Lesungen, Kinovorführungen, Poetry-Slams, Improvisationstheater statt. Das Schauspielhaus der Stadt ist dort gerne zu Gast. Ohne die Konzerte alle zwei, drei Wochen aber, fürchten die ehrenamtlichen Betreiber, werde das Café nicht überleben können.

Kultur gehe nicht um 22 Uhr schlafen und verstehe kein Beamtendeutsch, sagen die Betreiber – ein Filmemacher, ein Ingenieur, ein Designer – in einem Rundbrief, der lebhafte Debatten und viele „Freunde“ im sozialen Netzwerk Facebook brachte. Abstrus war die Debatte vor allem, weil sie zwar unter dem Deckmantel Nachtruhe von Anliegern geführt wird. Es ging aber weniger um Alt gegen Jung – ein durchaus nicht junger Ehrenbürger und früherer Oberbürgermeister Magdeburgs sagte einst, wer auf Ruhe dringe, dürfe sich nicht im Kneipenviertel ansiedeln – und das noch in einer Stadt, die über die größte Fachliteratursammlung Europas zum Thema Alkoholwissenschaft verfügt. Es gab offenbar eine andere Ebene, ein Streit zwischen linken Gruppen und deren Anhängern. Und jemand, der sich als Anlieger nun auf deutsches Bauplanungsrecht und Lärmschutzverordnungen berief, hatte sich noch gar nicht lange zuvor eher für linke Debatten interessiert. Nicht immer ist alles, wie es scheint.

Dass die Jugend vom Hasselbachplatz auch Bewunderung von älteren Kulturbeflissenen erhält, zeigte eine Sammelaktion. Die Lichtinstallation an der Hubbrücke über die Elbe mit dem Satz „Von hier aus noch viel weiter“ war von Vandalen zerstört worden. Innerhalb gut einer Woche schaffte der Freundeskreis des Kunstmuseums, nötige Spendengelder für einen Ersatz zu sammeln vor allem dank des Engagements des Stadtmagazins „Kulturschwärmer“ und drei junger Webinitiativen, darunter

„Hassel.Leben“, auf Facebook – das Engagement junger Leute, so das Kunstmuseum, habe gezeigt, dass in Magdeburg „gerade ganz viel in Bewegung“ sei.

Graffiti-Urlaub in der Industriebrache

Graffiti empfinden die einen als Schmiererei und illegale Sachbeschädigung, die anderen als Kunst. Entsprechend wechselt der Umgang damit von Stadt zu Stadt. Hannover ließ gefährdete Flächen im Bahnhofsumfeld von Jugendlichen mit Vorbeuge-Graffiti bemalen – das schrecke ab. New Delhi kennt die Graffiti-Szene nicht – hier lud die deutsche Botschaft Künstler ein zum Besprühen der Botschaftswand und von Rikschas. Das begeisterte viele in der Bevölkerung und trug werbend zu einem anderen Deutschlandbild bei. Braunschweig nimmt das alles ernster. Der „Verein gegen Graffiti-Schäden Braunschweig“ folgt dem New Yorker Vorbild der „zero tolerance“. Dessen Bilanz nach nahezu fünfzehn Jahren: Es sei nicht teuer, wenn konsequent und kurzfristig jede Schmiererei am Gebäudebestand, die im Schlepptau der Kunst einhergehe, überstrichen werde. Werde ein Haus rasch gesäubert – das demotiviere die Täter –, komme es nur in fünf Prozent der Fälle zu einer Folgetat. Die Aussage „nützt nix, wird doch gleich wieder beschmiert“, sei grundfalsch, so der Verein „Graffit-ex“. Damit sei Braunschweig, so der Verein, „sauberer als die meisten anderen Städte“.

In Magdeburg – als erster Erfolg sank die Zahl von Sachbeschädigungen durch Grafitti 2013 nennenswert – wiederum schlossen sich geschädigte Hausbesitzer zusammen zum Verein „Saubere Stadt“, der mit Spenden beim Säubern hilft. Das Jugendamt stellte etwa 30 Flächen zum Austoben für legales Graffiti frei – und dann ein altes Industriegelände, das zum Mekka der Graffitisprayer und Straßenkünstler in Deutschland werden sollte, auch für einen Graffiti-Urlaub.

Übers Internet können Künstler eine Fläche buchen und dann bemalen. Dies solle, so der Initiator Jens Märker – er gilt als Urgestein der Szene – die Sprayer „aus der Schmuddelecke rausholen“ und ihnen eine Spielwiese geben. Aus der ehemaligen Brötchen- und Nudelfabrik im Norden Magdeburgs, der Aerosol-Arena, soll aus zehn Gebäuden und 7.000 Quadratmetern eine dauerhafte „Hall of Fame“ werden. Die Nachbarn sind zufrieden: Ein Hebebühnen-Verleih findet bei den hohen Wänden gleich Abnehmer. Auch das Graffiti-Magazin rühmt das ehrenamtliche Engagement des von zwei Galeristen getragenen Vereins als ungewöhnlichen Traum.

Und solch ungewöhnliche Künstlerträume gibt es ja schon in Magdeburg, etwa das farbkräftige geschnörkelte Hundertwasserhaus nahe dem Dom.

Die Altmark und die Börde

Fabelstadt Schnöggersburg

Rekorde vermag die Colbitz-Letzlinger Heide nördlich von Magdeburg genug vorzuweisen: das größte zusammenhängende Heidegebiet Mitteleuropas; die größte nicht landwirtschaftlich genutzte Freifläche und das größte unbewohnte Gebiet Deutschlands; der größte geschlossene Lindenwald Europas. Nicht alle Rekorde sind so naturnah: Hier wurde vor 1945 auch das größte damals je eingesetzte Geschütz erprobt. Nun kommt etwas Weiteres hinzu, das zum Eintrag ins Buch der Rekorde berechtigt: das größte militärische Übungszentrum Europas. Der Bau des „urbanen Ballungsraumes“ soll 2017 abgeschlossen sein. Erst 1974 zogen dort 30.000 Rotarmisten ab, ein Lenin-Denkmal wurde vom Sockel gestoßen und verfiel. Noch immer kommen einstige Besatzungssoldaten zur verbotenen Stadt auf Nostalgietour.

Nun wird hier eines der größten Solarkraftwerke Europas gebaut. Ebenso umfassend ist der Wandel bei Fluglärm. Noch nicht lange her stritten sich Vogelkundler und Bundeswehr dort gerichtlich um Tiefflüge über der Heide – dann aber erkundeten Geoforscher mit einem Zeppelin direkt über dem Boden und Radarstrahlen die Bodenstruktur bis 30 Meter unter der Erde.

Für bis zu 100 Millionen Euro entsteht hier nun ein Ort, den ein Oberstleutnant vom Gefechtsübungszentrum Letzlingen, das sich bisher auf Laserstrahlen und Bildschirmkriege konzentrierte, eine Fabelstadt nennt. Schnöggersburg – benannt nach einer einstigen Waldarbeitersiedlung – wird „alles

haben“, nur keine ständigen Bewohner oder Eintragungen in Wanderkarten. In Etappen werden dort ein Hochhaus und Einfamilienhäuser mit Hecken gebaut; ein Stück Autobahn, ein Bahnhof und ein Flüsschen; Botschafterresidenzen, Wellblechhütten und Kanalisation; ein Industriegebiet mit Hallen und ein Nationalheiligtum, das für Soldaten tabu sei – das meiste in Leichtbauweise. Sogar eine Art U-Bahn-Tunnel wird gebohrt – der einzige in Sachsen-Anhalt. Hier werden Bataillone reale, aber ungestörte Kampfsituationen erproben, denn immer mehr Konflikte und Auslandseinsätze werden sie künftig in Ballungsräume führen. Bisher konnten sie das nur in zwei kleinen Orten nahebei üben, „Plattenhausen“ und „Stullenstadt“ mit jeweils gut einem Dutzend Häuser. Schnöggersburg sei weder Kabul noch dem Kosovo nachempfunden, versichern die Planer. Hier sollen nicht nur Häuserkampf und Suche nach Terroristen simuliert werden, sondern auch humanitäre Einsätze vom Brunnenbau bis zum Verteilen von Lebensmittelrationen.

Seit 1936 hatte im bevölkerungsarmen Gebiet erst die Reichswehr geübt, dann kamen bis zu den frühen Neunzigern sowjetische Truppen und seitdem die Bundeswehr. Jährlich bis zu 25.000 Soldaten halten demnächst auf dem Truppenübungsplatz Altmark Manöver ab. Natürlich gibt es auch eine Bürgerinitiative dagegen. Die Mehrzahl der Bewohner aber scheint dankbar für Arbeitsplätze und Einkünfte für Bewacher, Läden, Vermieter in der nahen Umgebung. Zwischen Wolfsburg und Stendal ist die Bundeswehr größter Arbeitgeber.

Colbitz – wüste Siedlungen

Über den Bau der Nordverlängerung der Autobahn A 14 von Magdeburg nach Schwerin gibt es seit langem Streit – die 155 Kilometer sollen im Jahr 2020 gebaut sein. Dabei wird sie seit 80 Jahren geplant, in den Dreißigern als Reichsautobahn von Dresden über Magdeburg nach Hamburg; in DDR-Jah-

ren dann seit den Fünfzigern mit veränderter Streckenführung nach Wismar. Neben den in Magdeburg regierenden CDU und SPD zürnen auch FDP und Unternehmer den Grünen und regionalen Bürgerinitiativen, die das stoppen wollen – sie lähmten die Entwicklung in Mitteldeutschland. Dabei haben sich die Kosten für den Bau innerhalb von fünf Jahren verdoppelt, fast ausschließlich aufgrund von vor Gericht erstrittenen Naturschutzbauwerken und ökologischen Ausgleichsmaßnahmen. 60 von hundert Brücken etwa dienen weder Menschen noch Fahrzeugen, sondern der ungehinderten Wanderung von Tieren – Wild, Fischottern, Wildkatzen, Mopsfledermäusen.

Bestimmte Vorarbeiten zum Bau begrüßen indes alle Seiten, auch die Grünen: archäologische Grabungen entlang der geplanten Trasse. Schon bei Probegrabungen südöstlich von Colbitz fand man neben Scherben auch Pfahlroste und Siedlungsgruben. Der Landesarchäologe Harald Meller erwartet in der Altmark „herausragende Funde" aus der Jungsteinzeit vor 5.500 Jahren. In Sachsen-Anhalt als einem Kerngebiet deutscher Geschichte verdichte sich Archäologie in einer Weise, wie man es nördlich der Alpen sonst nur aus dem Rheinland kenne.

Aus zwei Gründen freuen sich die Archäologen über diese Chance. Zum einen ist der Norden des Landes gegenüber Grabungen im Süden bisher benachteiligt. Wichtiger aber: Nirgendwo sonst gibt es so viele „wüste" Siedlungen – Orte, die aus unbekannten Gründen im Mittelalter aufgegeben wurden. Heute leben sie allenfalls fort in Namen von Straßen oder Familien. Ungewöhnlich ist diese Dichte wüster gefallener Siedlungen schon, weil sich ansonsten deutsche Städte und Gemeinden seit dem dreizehnten Jahrhundert allenfalls in ihrer Größe verändert haben, aber nur selten im Bestand. Die Altmark macht da eine Ausnahme – zwei Drittel der Ortschaften verödeten nach dem 13. Jahrhundert. Spurensucher an der A14 könnten nun auf einige der verschollenen Siedlungen, Wälle, Burgen stoßen – es sollen mehrere Hundert sein.

Morsleben – weltweit einmalig

Dies sei ein „weltweit einmaliger Vorgang“. Wenn Wolfram König, der Präsident des Bundesamts für Strahlenschutz in Salzgitter, einen solchen Begriff nutzt, muss das in der Tat etwas Ungewöhnliches sein, denn König neigt sonst zu arg vorsichtigen Formulierungen. Er spricht von der Schließung des Atommülllagers in Morsleben und dem dafür geplanten Ablauf – beides gilt als Neuland. Das Bundesamt als Betreiber und das Umweltministerium in Magdeburg hatten in einer Bürgeranhörung in Oschersleben vier Wochen lang Einwände gehört gegen die Stilllegung des ersten Endlagers für radioaktive Abfälle, das in Deutschland „für immer“ verschlossen werden soll. Schon einmal hatte der Name Morsleben fast Weltgeschichte geschrieben – mit dem aus Halberstadt stammenden Clemens II. stellten die Grafen von Morsleben im Jahr 1046 einen der wenigen Päpste aus Deutschland. Er löste gleich drei zeitgleich amtierende Päpste ab und leitete in den nur zehn Monaten seiner Amtszeit Reformen ein – zudem ist er der einzige Papst, der nördlich der Alpen, in Bamberg, begraben wurde.

Im ehemaligen Salzstock waren zu DDR-Zeiten und danach schwach- und mittelradioaktive Abfälle eingelagert worden. Zwei Fünftel der 37.000 Kubikmeter Abfall stammen aus der DDR aus den Kernkraftwerken Greifswald (Lubmin) und Rheinsberg, drei Fünftel aus der Bundesrepublik in Nachwendejahren: vorwiegend aus Atomkraftwerken und Forschungseinrichtungen, auch staatlichen, sowie der Bundeswehr. Bürger und Verbände legten 94 Einzeleinwendungen vor gegen das Schließungskonzept, die von mehr als 13.000 Bürgern unterzeichnet wurden. Zur Anhörung aber kamen nur 50 Zuhörer, Platz war für 350. Das Atomgesetz schreibt diese Bürgerbeteiligung und deren Dokumentation vor. Einige Kritiker sprachen von einer „tickenden Zeitbombe“, die anders als das nahe Salzbergwerk Asse wenig in der Öffentlichkeit beachtet werde.

Auch nicht von benachbarten Kommunen: Sie verzichteten auf Einwendungen.

Die Umweltgruppe „BUND" wandte sich nicht grundsätzlich gegen die geplante Verfüllung des fast sechs Kilometer langen Salzstocks mit Salzbeton, fordert aber, dass zuvor bestimmter Müll, vor allem lang strahlendes Radium, ausgelagert werde. Eine Dokumentation des Bundesamts besagte indes, in der „normalen Atemluft an den Arbeitsplätzen unter Tage" sei die Konzentration langlebiger Nuklide „praktisch nicht messbar". Neben Schutzkleidung und Werkzeugen aus Atomkraftwerken wurden auch Uran und Radium mit langen Halbwertzeiten sowie Kobalt, das die DDR zur Trinkwasserreinigung nutzte, eingelagert. Greenpeace und BUND hatten 1998 mit einer erfolgreichen Klage gegen die Bundesrepublik – sie wurde damals von der Bundesumweltministerin Angela Merkel vertreten – die Schließung der 1971 geöffneten Anlage durchgesetzt.

Zu den Fragen, die das Bundesamt bei dieser Pionieraufgabe zu ergründen hat, zählen die Langzeitsicherheit, mögliche Wassereintritte sowie die Klärung, ob der Müll aus dem maroden Salzstock wieder herausgeholt und umgelagert werden könnte. Am Ende muss das Umweltministerium in Magdeburg entscheiden, genehmigen oder ablehnen – auch Jahre nach der Anhörung zog sich das ungelöst hin. Bis zur endgültigen Stilllegung kann es 15 Jahre währen. Umweltminister Hermann Onko Aeikens sprach von einem „sehr komplexen Vorhaben". Zu den ungewöhnlichen Abläufen zählt, dass sich König, der sich nun als Präsident des Bundesamtes für Strahlenschutz für die Schließung ausspricht, mit Morsleben auch in einem früheren Amt befasst war. Als Umweltstaatssekretär der rot-grünen Regierung in Magdeburg hatte er bis 1998 für einen Stopp der Einlagerung gekämpft. König sieht für Morsleben die Verfüllung als die bessere Option, zumal man mit frühzeitiger Stabilisierung dort Zeit erkauft habe für ein ordentliches atomrechtliches Schließungsverfahren. In Morsleben trete in einem ganzen Jahr nur so viel Wasser ein wie in der Asse nahe Wolfenbüttel an einem Tag.

Im Schacht Bartensleben bei Morsleben, wenige Kilometer vor der Grenze zu Niedersachsen, wurden zwischen 1912 und 1969 wie im gesamten Oberen Allertal Stein- und Kalisalz abgebaut. Dadurch entstand ein umfassendes System von Höhlungen und Tunneln. Das Bundesamt glaubt, dass durch den Bau von Barrieren gegen eindringendes Wasser und die Verfüllung mit Salzbeton eine Langzeitsicherung für etwa eine Million Jahre gegeben ist.

Zweifel an der Eignung zur Lagerung im „Endlager für radioaktive Abfälle Morsleben" (ERAM) gibt es seit Langem. DDR-Gutachter vom Deutschen Brennstoffinstitut im sächsischen Freiberg warnten 1979 vor einer wahrscheinlich fehlenden ausreichenden Standsicherheit; die DDR entschied sich aber zum Ausbau und gab 1986 eine Dauerbetriebsgenehmigung, die die Bundesrepublik übernahm. Neue Mahnungen kamen dann 1991 – die Gesellschaft für Reaktorsicherheit warnte davor, das Bergwerk weiterhin als Endlager zu benutzen. 1994 aber wurde es wieder für Einlagerungen geöffnet – angeblich für mehr Abfall, als die DDR-Betriebsgenehmigung erlaubt hätte. Bundesumweltministerin Merkel erklärte, es gebe „kein Sicherheitsdefizit", Morsleben sei sicher. Gestoppt wurde die Einlagerung erst nach einem Urteil des Oberverwaltungsgerichts Magdeburg im September 1998.

Die Abfallgebinde wurden in Versturzhohlräumen mindestens 500 Meter unter der Oberfläche gelagert – nur auf der untersten von vier Hauptsohlen. In anderen Teilen Morslebens aber stürzten mehrmals schwere Salzbrocken von der Decke. Von 2003 an wurde Salzbeton in 27 Schächte in Hohlräume im stark durchlöcherten Zentralbereich verfüllt, den das Bundesamt als „Schwachstelle" des Endlagers bezeichnete. Mit der Stabilisierung von etwa einem Fünftel des gesamten ausgehöhlten Volumens glaubt das Bundesamt, dass die Standsicherheit bis zum Abschluss des atomrechtlichen Planfeststellungsverfahrens und der folgenden Schließung gesichert sei. Um zu verhindern, dass Wasser in die Lager mit Atommüllfässern dringt, soll mit-

telfristig der gesamte Salzstock verfüllt werden. Die Gesamtkosten werden auf gut zwei Milliarden Euro geschätzt – fast doppelt so viel wie die größte geplante private Einzelinvestition der letzten Jahre in Sachsen-Anhalt, ein Braunkohlekraftwerk in Profen, im Süden des Landes. Den größten Teil trägt der Steuerzahler.

Stendal – Blick hinter die Roben

Mehr als dreihundertfünfzig Jahre lang, bis zum Abzug der sowjetischen Truppen 1994, hatte die Garnison die Geschichte Stendals begleitet. Danach wusste das Zentrum der Altmark seine Kasernen wohl zu nutzen, etwa für eine Fachhochschule. Auch in die Kaserne der ehemaligen Grünen Husaren kehrte Leben ein. Zur Eröffnung des „Justizzentrums Albrecht der Bär" – benannt nach dem Brandenburger Markgrafen, der Stendal um 1150 herum das Marktrecht verlieh – kam fast das halbe Kabinett Sachsen-Anhalts. Damit wollten die Politiker nicht nur würdigen, dass die Justiz vom Amtsgericht über die Arbeitsrichter bis zum Grundbuchamt und dem Altaktenlager nun einen neuen Mittelpunkt hat – übrigens das einzige Gerichtsgebäude im Eigentum des Landes. Sie ließen sich auch leiten von der für Gerichte ungewöhnlichen Öffnung und Offenheit hin zur Bevölkerung. Halb Stendal kam zum Tag der offenen Tür. Mit dem Motto „Hinter der Robe" wollten sich die Richter, so der Landgerichtspräsident, den Bürgern öffnen, die sonst meist nur sorgenbeladen zur Justiz kommen. 200 Euro hatten die Organisatoren des Tages der offenen Tür zur Verfügung – alles andere wurde durch Ehrenamtliche abgedeckt. Fiktive Gerichtsfälle wurden durchgespielt, Vorträge gehalten, Kindertheaterstücke aufgeführt. Hinzu kam ein Gespräch mit einem zeichnenden Richter, der als „Deutschlands bekanntester Justizkarikaturist" gilt. Der Zufall wollte es, dass direkt nebeneinander der „Weiße Ring" auf die Folgen für Opfer von

Kriminellen hinwies und der Landesbetrieb für Beschäftigung und Bildung von Gefangenen auf Wege zur Resozialisierung. Zu den mehrwertsteuerfreien Produkten aus ihrer Arbeit zählen Sandkästen, Grilltische, Sporttrikots und Roben – jene, hinter die die Bürger schauen durften.

Die Justiz im Lande, so scheint es, probiert vor allem im Gerichtsbezirk Stendal neue Wege aus. Das reicht bis zu neuen Strukturen im Justizvollzug im Gerichtsbezirk. Ermöglicht wurde das auch durch den Bau der hochmodernen Justizvollzugsanstalt für gefährliche Straftäter in öffentlich-privater Partnerschaft als Modellprojekt in Burg – das flächenmäßig größte Gefängnis Deutschlands. In keiner anderen Haftanstalt waren bis dahin Privatunternehmen so eng eingebunden. Kuschelig geht es dort nicht zu. Sicherheitsvorkehrungen sind außergewöhnlich. Herzschlagdetektoren etwa sollen verhindern, dass Häftlinge sich in Wäschetransportern oder Müllfahrzeugen verstecken.

Ein weiteres Modellprojekt in Stendal gibt es beim Bemühen um eine flexiblere und kostengerechtere Justiz. Für ein Pilotprojekt stellte das Justizministerium nicht Juristen ein, sondern Betriebswirte. Vier Amtsgerichte im Landgerichtskreis Stendal erstellen seitdem statt der herkömmlichen – nach Kosten und Einnahmen undifferenzierten – kameralistischen Haushaltsrechnung einen Produkthaushalt auf der Grundlage einer Kosten- und Leistungsrechnung. Darunter fallen etwa Gelder aus Insolvenzverfahren und Einnahmen aus der Ausstellung von Erbscheinen oder Einträgen in Handelsregister und Grundbücher. Damit sollen Kosten durchsichtiger, das Kostenbewusstsein in der Justiz vertieft und die Eigenverantwortung der Gerichte gestärkt werden. Sie haben nun einen Handlungsspielraum anstatt strikter Vorgaben. Fach- und Finanzverantwortung werden stärker zusammengeführt. Das erste Zwischenergebnis: Die Amtsgerichte erzielten einen Überschuss. Ein Drittel floss in den Landeshaushalt zurück, zwei Drittel

durften die Gerichte als „Rendite“ oder „Effizienzgewinn“ selbstständig einsetzen zur Verbesserung ihrer Infrastruktur. Ein in die Länderzusammenarbeit eingebundener Justizbeamter berichtete, der Westen wolle viel, aber mit wenig Erfolg, während Sachsen-Anhalt sich in seinen Zielen beschränke, dabei aber gute Erfolge vorweise.

Insel – nicht für alle

Das hat es zumindest in Sachsen-Anhalt noch nicht gegeben. Etwa drei Viertel aller Landtagsabgeordneten setzten sich in Magdeburg in zwei Busse und fuhren in eine kleine Ortschaft in der Altmark namens Insel. Dort entrollten sie ein Plakat mit der Aufschrift „Die Würde des Menschen ist unantastbar“. Unter den Anwesenden waren der Ministerpräsident, mehrere Minister und zahllose Fernsehkameras – Politiker, Polizisten und Journalisten waren unter sich. Die Bevölkerung des Ortes nahe Stendal, an die sich das richtete, war nicht da. Bewusst zeitgleich hatte der Ortsbürgermeister die Bewohner auf sein Barockschloss im Nachbarort „zum Grillen“ geladen. Alle hier sprechen übereinander, miteinander aber mit hinreichenden Informationen kaum.

Dabei geht es um zwei ehemalige Sexualstraftäter, die nach der Entlassung aus der Sicherungsverwahrung aus Südwestdeutschland nach Insel zogen, weil ihnen jemand dort, leere Häuser gibt es in der Region zuhauf, Unterkunft bot. Als die „Vorgeschichte“ der Vergewaltiger im Ort bekannt wurde, begannen fast wöchentliche Demonstrationen besorgter Anlieger. Dann bemächtigte sich die NPD der Aufzüge – die Polizei konnte eine Erstürmung des Hauses nur mit Mühe verhindern. Vor dem Haus mit bröckelnder Fassade inmitten eines sonst schmucken Dorfs stellte sie Absperrgitter auf und eine Videoüberwachung. Zeitweise glich Insel einem Belagerungszustand – der bestbewachte Ort Deutschlands, unkten manche.

Die Kontroverse brachte Insel in Verruf als einen angeblich unduldsamen Ort. Dabei kam nur ein kleinerer Teil der 400 Bewohner zu den montäglichen Aufzügen. Zudem ist der Ablauf in Insel atypisch für den Umgang mit früheren Sicherungsverwahrten, die aufgrund eines Urteils des Europäischen Gerichtshofs entlassen werden mussten, aber weiterhin unter Führungsaufsicht standen. Die Bewohner sahen sich durch Rechtsradikale in eine Ecke gedrängt, in der sie sich nicht wohlfühlten. Viele, von der Landesbischöfin bis zu Politikern aus Magdeburg und Stendal, sagten, Gespräche seien notwendig – einen Ausweg fanden aber auch sie zunächst nicht.

Ministerpräsident Reiner Haseloff jedenfalls gab sich zufrieden mit dem Tag. Das Oberverwaltungsgericht in Magdeburg hatte ebenso wie die Vorinstanz einen Aufmarsch der NPD untersagt. Das habe, sagte er, Symbolwirkung über den Einzelfall hinweg: Den Rechtsradikalen habe man ihre Grenzen gezeigt, dies sei ein Sieg der Demokratie. Der Landtagspräsident Detlef Gürth sagte vor etwa 70 Abgeordneten aller Fraktionen, alle seien verpflichtet, Bürgerrechte ihrer Mitmenschen zu respektieren und zu verteidigen – also auch jene von Vergewaltigern, die ihre langjährige Haftstrafe abgesessen haben, so unbequem das sein mag. Niemand dürfe Grundrechte infrage stellen. Der Landtag schaue nicht tatenlos zu, wenn Nazis oder andere Verfassungsfeinde „die Ängste und Sorgen der Bürger für ihre schändlichen Parolen" missbrauchten. Es sei wohl einmalig, dass ein Verfassungsorgan so aufgestanden sei. Der Ministerpräsident sagte auch, die freie Wahl des Wohnorts zähle zu den unabdingbaren Grundrechten, die zu respektieren seien. Nicht alles könne und werde der Rechtsstaat hinnehmen – man werde sich dem Volkszorn nicht beugen.

Derweil brachen in Insel wie in manch anderen Ortschaften alte Konflikte der Dorfgemeinschaft wieder auf. Risse gehen durch Familien und Freundeskreise hindurch. Zum Abschluss trafen sich die Politiker zu einem Gottesdienst in der, 840 Jahre alten, romanischen Saalkirche mit Tonnengewölbe

und Satteldach. Neben dem Altar steht eine Tafel, die an die vormalige Gutsherrin von Insel erinnert, „allgemein verehrt als Menschenfreundin und Wohlthäterin aller Armen“. Was hätte Marie Sophie Louise von Borstel knapp drei Jahrhunderte später wohl von den Abläufen in ihrem Ort gedacht?

Burg – Kino-Walhall

In den wechselnden Namen spiegelt sich die deutsche Kulturgeschichte wieder. Zur Kaiserzeit wurde das erste feste Kino der Stadt Burg im Jerichower Land „Walhalla“ benannt. Nachdem es bald abbrannte, hieß der Neubau, bei dem man auf „schnelle Entleerungsfähigkeit“ achtete, zur Eröffnung im Juni 1911 „Lichtspiele/Palast-Theater“. Die DDR benannte es „auf Wunsch und Vorschlag der Werktätigen“ „Theater des Friedens“ – ein Palast entspreche nicht ihren Vorstellungen. Nach der Vereinigung wurde es zum „Burg Theater“ schlicht nach der Stadt unweit von Magdeburg benannt, zugleich aber der Name des erhabensten deutschsprachigen Sprechtheaters in Wien.

Wichtiger noch als der Name ist dessen Geschichte. Ein Förderverein mit einem ebenso schönen Namen „Weitblick“ wurde mithilfe einer örtlichen Bank zum Träger und rettete den ältesten durchgängig bis heute betriebenen Kinozweckbau Deutschlands. Anderswo gingen Lichtspielhäuser unter oder wurden nach Jahren des Verfalls wiederbelebt wie der „Weltspiegel“ in Cottbus. Dieser war vielleicht prachtvoller, aber einige Monate jünger als die 1908 innerhalb von nur dreizehn Wochen erbaute einstige „Wallhalla“. Bis dahin waren Filme nur auf Jahrmärkten, in Kneipen oder Theatern zu sehen und ältere noch erhaltene Kinos in Wohn- oder Geschäftshäusern. In der Kleinstadt aber entschloss sich ein Ingenieur vor gut einem Jahrhundert zum Zweckbau.

Seine geistigen Erben übernahmen nun diesen Wagemut in einer Region, die von Abwanderung der Jugend gezeichnet

ist, öffneten sich Neuem und sanierten den Bau von 2012 an umfassend. Das Kinoprogramm ist auf Twitter und Facebook zu sehen. Ein Grund: Im Verein arbeiten junge Menschen, die Kino lieben und sich ein zweites Wohnzimmer schaffen wollten, nicht zuletzt mit einer in den Kinoraum integrierten Bar. Nur wer eine Eintrittskarte hat, darf dort sein Bier trinken, von Ehrenamtlichen ausgeschenkt. Alle Vorstandsmitglieder des Vereins sind in den Zwanzigern – Studenten der Theologie oder der Pharmazie, ein Videotechniker und ein Volkswirt. Sie mögen gehört haben von dem ebenso von jugendlichen Filmbegeisterten vor der drohenden Schließung geretteten Kino in Ratzeburg – auch diese benannten ihr Kino „Burgtheater". Die jungen Menschen in Burg kümmern sich um die Sanierung des Dachs und die Einführung digitaler Vorführtechnik – und trotzten so dem Gefühl, das nordöstliche Sachsen-Anhalt sei eine sterbende Region. Der Kultusminister rühmte das als „Paradebeispiel für ein gewachsenes bürgerschaftliches Engagement".

Gardelegen – die Brauereien fehlen

Einst hatte die Hansestadt Gardelegen 250 Brauereien. Zar Peter der Große rühmte bei einem Besuch, er habe nie zuvor ein wohlschmeckenderes Getränk genossen. Der des weiterhin dort gebrauten Garleybiers – gegründet wurde die Garley-Brauerei 1314 im gleichen Jahr, in dem das Braurecht verliehen wurde – ist der weltweit älteste bis heute benutzte Markenname überhaupt. Und noch länger als 1314 sind die Hopfenstangen neben dem halben brandenburgischen Adler im Stadtsiegel – im 19. Jahrhundert zählte Gardelegen zu den großen deutschen Hopfenanbauern. Heute aber schließen Hotels und Bars, in denen auch Bier ausgeschenkt wurde. Viele Jugendliche ziehen fort, weil trotz aller Bemühungen Ausbildung und Arbeitsplätze fehlen. Der Ort im südwestlichen Teil der Altmark stagniert wie

viele andere Städte der neuen Bundesländer. Schon zu DDR-Zeiten war dies der „dünnstbesiedelte“ Kreis des „Arbeiter- und Bauernstaates“. Der Schriftsteller Werner Brückner, der seine von Wäldern, Heide und Wiesen geprägte, wenig zersiedelte Landschaft liebt, nennt sie „das deutsche Sibirien“ und spricht von der „gewissen schönen und angenehmen Schwerfälligkeit der Bewohner“. Deprimierend sind die Ergebnisse einer vergleichenden Umfrage von Meinungsforschern. Sie verglichen 117 Regionen in Deutschland – nirgends anders war der Grad der Zufriedenheit so gering wie in der Altmark.

Der Verfall einstiger Pracht, von der eine fünfschiffige Backsteinhallenkirche in Gardelegen zeugt, begann im Dreißigjährigen Krieg und dann nochmals nach dem Abzug der Garnison. Nach der Wende gab es weitere Rückschläge: Seit der Anlage der ICE-Strecke von Berlin nach Hannover, die den Ort zerteilt, ist der Bahnhof nicht mehr Haltestelle für den Fernverkehr, wie zuvor etwa für Züge zwischen Berlin und Amsterdam. Der ICE und meist auch der IC halten hier nicht. Die Bahnstrecke erschwert zudem für Mensch und Tier den Zugang vom Norden des Ortes nach Süden. Zudem wurde der Landkreis Gardelegen nach 180 Jahren 1994 aufgelöst, Kreisstadt ist nun Salzwedel. Gardelegen behielt nur „Trostpreise“ wie die Kreismusikschule. Dabei ist der Ort seit der Eingliederung von 18 Umlandgemeinden Anfang 2011 mit 632 Quadratkilometern die flächenmäßig drittgrößte Stadt Deutschlands und die größte, die nicht ein Bundesland ist. Und das ist hier gar nicht so besonders: Seit den Kreis- und Kommunalreformen liegen 25 der hundert flächengrößten Gemeinden Deutschlands in Sachsen-Anhalt.

Stadt, Kreis, das Land geben sich Mühe, Investoren in die Altmark, ein Gebiet fast doppelt so groß wie das Saarland, zu ziehen. Sie weisen auf die verkehrsgünstige Anbindung. Spuren eines Aufschwungs und Zukunftsmutes sieht man hier und da. Fassaden sind frisch getüncht, in den Hinterhöfen stehen neue Autos. Die Denkmäler – das ehrwürdige Salzwedeler Tor, das

Heiliggeistspital, viele Fachwerkbauten – sind oder werden renoviert. Das hebt sich ab von der Vorwendezeit – 1984 brüstete sich der Stadtbaurat noch gegenüber dem „Neuen Deutschland“, 60 Prozent aller Wohnungen verfügten über ein Bad oder eine Dusche. Im Rahmen des staatlich geförderten Sanierungsprogramms wurden Teile eines 1982 errichteten Neubaugebietes mit gut tausend Wohnungen inzwischen wieder abgerissen, auch um die Leerstandsquote zu verringern. Hier und da sind Zeichen nostalgischer Rückbesinnung zu sehen: Ein Laden für Briefmarken und andere Sammelleidenschaften stellt im Schaufenster Geldscheine der Staatsbank der DDR aus, etliche Orden und Leninbüsten.

Selbst bei Statuen tut sich einiges, jeweils als Bürgerspende: Der Roland vor dem 700 Jahre alten Rathaus mit seinen Laubengängen und einer Schweifhaube auf dem Turm wurde nachgebaut, nachdem sein Platz nach Brand und Einsturz mehr als 200 Jahre lang leer stand. Der größte Sohn der Stadt, der auch 85 Jahre nach seinem Tod mit seinen Couplets unvergessene Kabarettist Otto Reutter, steht bronzen in Lebensgröße; sein Geburtshaus aber wurde 1975 abgerissen und von einem dreistöckigen gleichförmigen Wohnhaus ersetzt in einer Straße, in der die meisten alten Häuser noch stehen. Der Küster der Kirchengemeinde berichtet von positiven Veränderungen. Mitgliedschaft und Kirchgang blieben gering, die Zahl der Kinder im Chor aber stieg trotz schwacher Geburtsjahrgänge. Gardelegener, die bis in die Neunziger den Kirchenraum niemals betraten, selbst zu Konzerten nicht, kommen jetzt aus Neugier und verlieren ihre Hemmschwelle.

Immerhin gibt es in dem fast tausend Jahre besiedelten Ort die allgegenwärtige Sparkasse sowie einige Arbeitgeber mit jeweils mehreren Hundert Angestellten. Ein Werk baute seit DDR-Zeiten Billy-Bücherregale für „den“ schwedischen Möbelhändler – die Fertigung aber wurde im Jahr 2009 verlegt. Nischen gibt es. Ein findiger Blumenhändler ließ sich seine „Erfindung“ als „Weltneuheit“ patentieren, Blumengebinde in

Geschenkpapier mit dem passenden Aufdruck zum Geburtstag, zur Heirat und sogar zur Scheidung zu bedrucken. Weitaus größter Arbeitgeber ist ein Zulieferer für die Autoindustrie – Gardelegen liegt näher an Wolfsburg denn an der Landeshauptstadt Magdeburg –, zwei weitere liefern der Auto- oder Reifenherstellung zu. Die IFA-Gruppe im nahen Haldensleben und einer Fertigungsstätte in Gardelegen ist Beispiel, wie ein einzelner Unternehmer wieder Hoffnung bringen kann in eine schwierige Region. Heinrich von Nathusius häufte einen Erfolg nach dem anderen auf. Politiker in Magdeburg lobten ihn als Mutmacher, der ungewöhnliches soziales und kulturelles Engagement zeige, als Zugpferd der einheimischen Industrie und als Beispiel eines gelungenen Transformationsprozesses.

Nach seiner Rückkehr in die alte Familienheimat hatte Nathusius – er war zuvor Geschäftsführer einer Stahlhandelsgesellschaft in Duisburg –, das Gelenkwellenwerk in Haldensleben vor der Schließung bewahrt und die IFA-Gruppe binnen Kurzem zum europäischen Marktführer für Gelenkwellen gemacht, auch mit Übernahmen und der Verlagerung von Arbeitsplätzen aus Südwestdeutschland in die Altmark. Jeweils acht Prozent jährlich des Umsatzes gibt das Unternehmen aus für Forschung und Entwicklung sowie für Aus- und Weiterbildung. Als von Nathusius die Betriebsstätte in Haldensleben von der Treuhand erwarb, sicherte er sich die Marke IFA – Industrieverbund Fahrzeugbau –, die jeder in der DDR kannte. Bundeskanzlerin Angela Merkel besuchte seinen Stand auf der Automobilmesse und sagte dort: „Die IFA ist für mich das Synonym für Auto."

Wanzleben wird energieautark

Wanzleben hatte wenige Jahre nach der Wende den Status als Kreisstadt verloren, was das Selbstwertgefühl der Kleinstadt in der Magdeburger Börde ebenso traf wie die Wirtschaftskraft.

Dank der Rolle als Mittelpunkt einer bäuerlichen Gegend mit reichem Boden hat es sich indes gefangen. Trotz Sorge über den Fortzug der Jugend – viele Häuser sind frisch getüncht, es gibt Neubaugebiete und Baugerüste. Wer nach der Wende nicht mehr Arbeit hatte, wohl aber Tatkraft, bietet jetzt Kurierdienste an oder Telefonmarketing. Grundlage bleibt in der Ackerbürgerstadt der Anbau von Zuckerrüben, für dessen Ernte der in alle Welt exportierte „Wanzlebener Pflug" erfunden wurde. Eine überregional zuständige Außenstelle des Landesamts für Landwirtschaft, Flurneuordnung und Forsten glich den Fortzug der Kreisverwaltung aus. Wanzlebener setzen auf die Nähe zur Landeshauptstadt Magdeburg in der Hoffnung, eine Pendlerstadt zu werden; auf ein Modellprojekt zur Energieversorgung, das ohnegleichen ist in Deutschland; und auf die Burg.

Die ehemalige Bürgermeisterin, die nun den Wahlkreis für die SPD im Landtag vertritt, berichtet, Wanzleben sei auf bestem Wege, sich mit 5.200 Einwohnern als erste Stadt dieser Größenordnung mit erneuerbarer Energie selber zu versorgen. Erst kam eine Biogasanlage, dann eine Solartherme. Das haben bisher nur einige Orte mit 500 bis 1.000 Bewohnern geschafft. Hochschulen begleiten den Modellversuch.

Das zweite Alleinstellungsmerkmal ist ein Kleinod, das der Ort einem Wiedereinrichter aus dem Westen verdankt. Der Chemiker, Unternehmer und Forscher Friedrich Wilhelm Kühne verdiente sein Geld, mit dem er seinen Traum erfüllte, im Ausland. Er erwarb die Anlage, in der seine Familie seit 1778 bis zur Vertreibung 1945 als Pächter wohnte, und rettete sie vor dem Verfall. Erstmals urkundlich erwähnt wurde sie, eine der mächtigsten Flachlandburgen Europas, im Jahr 896. Einst gehörte sie dem Erzbischof von Magdeburg, dann dem preußischen König. Friedrich der Große, die preußische Königin Luise und 1805 Napoleon haben hier gewohnt, zudem vorher der Feldherr Tilly, der 1631 das nahe Magdeburg verwüstete. Sie ist eine von 72 Bauwerken an der Straße der Romanik zwischen Arendsee und Zeitz.

Dort baute die Familie Kühne nicht nur ein Forschungslabor aus und ein Unternehmen für Netzwerkhandel, sondern auch ein Hotel. Neben Tagungs- und Hochzeitsgästen kommen Politiker aller Couleur bis hin zur Linkspartei, zur Sitzung im Kornhaus, die SPD gleich mit der gesamten Fraktion samt ihren Kabinettsmitgliedern. Alle zollen dem Mut des Rückkehrers Respekt.

Aufmerksamkeit findet naturgemäß dank seines Namens der Ortsteil „Stadt Frankfurt". Wenn man im Web unter „telefonbuch.de" nach einer Telefonauskunft zu Frankfurt fragt, kommt die Frage, welcher der vier Orte dieses Namens denn gewünscht sei – Frankfurt am Main, Frankfurt an der Oder, Frankfurt bei Markt Taschendorf im fränkischen Steigerwald oder „Stadt Frankfurt". Sechzig Meter hinter dem grünen Ortseingangsschild „Stadt Frankfurt" an der L 50, die anders als Frankfurt am Main oder Frankfurt an der Oder nicht einen Zusatz braucht, kommt das nächste zum Ortsausgang. Nur ein Bushäuschen gibt es hier. Links führt ein Weg hinein in die Einfahrt des „Orts". Wer, umgeben vom süßlichen Geruch der Zuckerrüben, von dort umherschaut, sieht Felder mit dem unter Landwirten berühmten Boden der Magdeburger Börde; in der Ferne Windkrafträder und die Zuckerfabrik in Klein-Wanzleben; und einen Turm auf einer winzigen Anhöhe, die „Blaue Warte". Sie ist gleichsam die kleine Schwester zum Turm in der nahen Burg Wanzleben.

Links ist das einzige große Gebäude des Ortsteils. Einst waren im dreistöckigen Haus der Konsumladen und die Kneipe. Jetzt sind die Fensterscheiben zerborsten, Türen und Fenster des Erdgeschosses sind zugemauert. Ein Bewohner sagt, zu Zeiten der DDR habe jedes noch so kleine Dorf eine Kneipe gehabt, nun kümmere sich niemand um das Gebäude. Hier steht alles, was die Gemeinde zu bieten hat – ein Schaukasten mit dem Aushang der Gemeindeverwaltung, ein Briefkasten, die Verwertungstonnen für den Abfall. Bis 1945 war dies samt Nebengebäuden das einzige Haus hier überhaupt. Einst stand hier

ein Vorwerk, eine Ausspannstätte für Pferde auf dem Heerweg zwischen Berlin und Frankfurt.

Nun leben dort vor allem Rentner, die 1946 als Flüchtlinge in einen Neubau kamen und zunächst als Bauern in der LPG arbeiteten, der Landwirtschaftlichen Produktionsgenossenschaft. Stadt Frankfurt entstand wie andere Siedlungen in der jungen Sowjetischen Besatzungszone für Neubauernstellen. Jedes der elf Häuser entlang des Rundweges, der als kleines Hufeisen zurück zur Bundesstraße führt, hatte hinter dem Haus lang gestreckt 2.000 Quadratmeter Land, auf dem sich die Siedler aus dem Sudetenland und aus Pommern selbst versorgen konnten.

Salzwedel – Baumkuchen zum Hansetag

Zehn Jahre lang hatte sich Salzwedel auf ein Wochenende vorbereitet. Ungewöhnlich war sein Hansetag auf jeden Fall: Salzwedel warb stolz damit, er sei der bis dahin größte überhaupt in der mit 21.000 Einwohnern kleinsten Gastgeberstadt. Und ungewöhnlich waren neue Ausrichtungen. Neben der üblichen Förderung des Städtebilds und der Ankurbelung des Fremdenverkehrs setzte das Treffen inhaltliche Schwerpunkte mit historischen Seminaren, Unternehmertreffen und Kunstausstellungen. Zudem fand erstmals in der Geschichte der 1980 wiederbegründeten „Neuen Hanse" – dem größten freiwilligen Städtebund der Welt – zeitgleich und miteinander verknüpft ein ökumenischer Kirchentag in einem Umfeld statt, das als kirchenfern gilt.

Die Organisatoren mussten langfristig denken. Bis zum Jahr 2040 stehen schon fast alle Gastgeber fest – 2012 fand er statt im nahegelegenen Lüneburg. Neben vielen Zehntausend „normalen" Besuchern feierten 3.000 Sendboten (Vertreter) aus 125 der 167 Hansestädte aus 14 Ländern sowie Künstler in der von Fachwerk geprägten Innenstadt. Salzwedel blieb im Zweiten Weltkrieg von Zerstörungen fast völlig verschont, und

in den letzten Jahren waren viele Häuser renoviert worden. Grenznähe und der kleine Grenzverkehr dürften auch zu DDR-Zeiten dazu beigetragen haben, dass der sichtbare Wohlstand erhalten blieb.

Zwei Drittel der nahezu hundert deutschen Hansestädte sind kleine Orte, davon jeder zehnte in der Altmark. Sie schlossen sich zusammen zum Altmärkischen Hansebund im Wissen, dass keine Region eine größere Konzentration von Hansestädten hat als der Norden der Altmark. Erstmals aber war eine Kleinstadt Gastgeber einer solchen Großveranstaltung. Um dafür zu werben, dachten sich Kaufleute aus Salzwedel kecke Aktionen aus. Zu zwei Hansetagen, nach Brügge und nach Frankfurt an der Oder, reisten sie mit Pferdefuhrwerken und Baumkuchen, als dessen Heimat sich Salzwedel betrachtet. Ins schwedische Wisby auf Gotland segelten sie mit einem alten Hansekahn. Schließlich war bis vor hundert Jahren Salzwedel noch zu Wasser mit der Ostsee verbunden. „Das Venedig der Altmark" besaß 30 Segelboote, zeitweise mehr Koggen als Hamburg. Altmärker sahen in der Neuen Hanse ein Gegenmittel zu den Sorgen des Alltags, vor allem der Abwanderung aus dem Norden Sachsen-Anhalts. Da Salzwedel weit weg liege von jeder Autobahn, berichteten sie schelmisch, blieben „statistisch belegt" mehr Menschen daheim als in anderen Orten der Region.

Die Hansewütigkeit breitet sich aus: Als erste Stadt der Altmark durfte sich Salzwedel wieder offiziell Hansestadt nennen, nachdem sie sich über 15 Jahre hinweg darum bemühte. Stendal und Osterburg, Werben und Havelberg kamen dazu. Das Innenministerium in Magdeburg genehmigte das nur, wenn sie Teil der historischen Hanse waren. Zudem musste der Ort weiterhin von norddeutscher Backsteingotik und mittelalterlicher Bausubstanz geprägt sein. Salzwedel ist auch da eine Ausnahme. Es war nicht nur von 1263 bis 1518 ein Mitglied des Städtebundes von Kaufleuten des Ostseeraumes, sondern gleich doppelt. Die Alte Stadt und die Neue Stadt laufen zwar ineinander

über, sie hatten aber bis 1713 zwei Rathäuser und zwei Bürgermeister und waren so auch beide Hansestadt. Das doppelte Salzwedel wollte an alten Ruhm und alte Brückenaufgaben anknüpfen; und an Unternehmergeist und Gottvertrauen, den beiden Wurzeln hanseatischer Kaufleute.

Neben Giebelhäusern und Stadtmauern prägen die Kirchen wie in anderen Hansestädten auch Salzwedel. Die größte Kirche, die Marienkirche, war Mittelpunkt des Kirchentages, zu dem neben Protestanten und Katholiken auch Orthodoxe, Freikirchen, Mennoniten baten. Im Erkennen, dass Europa „östlicher" werde, fand der ökumenische Gottesdienst auf Deutsch, Russisch und Englisch statt, berichtete der evangelische Superintendent – getragen vom Hansebüro, der Kirche und dem Theater der Altmark gemeinsam. Besucher konnten durch die Buden in den Gassen und auf dem Hansemarkt ziehen, Konzerten der „Prinzen" zuhören oder Historikern und Unternehmern auf Podien. Den Auftakt bildete ein Kunstforum in einem renovierten Speicher im Stil Hamburger Kontore. Auf fünf Stockwerken stellten dort 35 Künstler, alle aus Hansestädten, ihre Werke aus – moderne Installationen in verwinkelten Dachböden. Einige bezogen sich dabei auf ihre Hanse-Wurzeln, etwa Siedesalzhaufen mit Basaltsteinen.

Dabei lieferte Salzwedel trotz seines Namens statt Salz eher Getreide, Leder, Pech, Schweinefett und vor allem Leinwand. Die Gewandschneider in Salzwedel waren wirtschaftlich und politisch mächtig. Salzwedel ragte auch sonst im dreizehnten Jahrhundert heraus – es schuf ein neues Stadtrecht, eine Verbindung der Stadtrechtssysteme aus Magdeburg und Lübeck. Die einen wirkten nach Osten, die anderen nach Norden.

Loitsche und die Buswartekabine

Als Bill und Tom Kaulitz wieder einmal ihre Familie in der Bahnhofstraße in Loitsche nahe Magdeburg besuchten, fehlte etwas

vor ihrem Elternhaus. Die Gemeinde versteigerte das Bushaltestellenhäuschen beim Auktionshaus Ebay – sie wollte es mit dem erhofften Erlös an anderer Stelle errichten. Die alte Wartekabine war zum Kultziel jugendlicher Fans der Band „Tokio Hotel" geworden. Es wurde mehrlagig bemalt mit ewigen Liebesschwüren und einem Herz für Bill und Tom. Jugendliche demolierten es, die Vorderseite verschwand. Mehrere Tausend Seitenaufrufe täglich gab es, aber kaum ernsthafte Gebote. Während Jugendliche über die hohen Preise erzürnt waren, fanden die vorübergehend berühmtesten jungen Zwillinge der Welt, Sänger und Gitarrist der Band, die Versteigerung „gut". Da die Rück- und Seitenwände, die Dachflächen und der Giebel indes nicht wie erhofft für zusammen 14.600 Euro Käufer fanden, ließ die von Elbauen, Heide und Kalisalzhalden umgebene Kommune die Einzelbretter versteigern und in die ganze Welt verschicken: Kurz war der Weg vom Kultobjekt zum Ladenhüter. Eigentlich ist ein Dorfteil von Loitsche dank der Einkünfte aus dem Kalisalzabbau das steuerstärkste Dorf des Bundeslandes.

Die Zwillingsbrüder waren 2005 mit dem Lied „Durch den Monsun" und der wechselnden fantasievollen Frisur des androgyn wirkenden Bill zu den international prominentesten Söhnen Deutschlands geworden. Ihre Songs, so die Selbsteinschätzung, „rütteln auf, und alles bisher Gehörte scheint nur noch blasse Vergangenheit". Dann wurden sie selber fünf Jahre lang zur Vergangenheit. Nach sieben Millionen verkaufter Alben zogen sie sich in Nordamerika zurück, es wurde still um sie. Im Herbst 2014 legten sie ein neues Album vor, dessen Selbstwerbung alles sagt: Es drücke aus ein „Gefühl, das alles bedeutet und gleichzeitig eigentlich nichts".

Vor fünf Jahren noch jedenfalls kauften in New York und Jerusalem Jugendliche Bücher, um Deutsch zu lernen und bei Konzerten der Popgruppe die Texte im Original mitzusingen. Deren Doppelgesicht Bill und Tom hatten da ein anderes Verhältnis zu Büchern. Nach ihrem Realschulabschluss zerrissen und verbrannten sie laut eigenen Worten alle Hefte und Bü-

cher. Das hatte Fans und jugendliche Leser der Zeitung ihrer Heimatregion, der „Magdeburger Volksstimme“, erzürnt. Sören aus Schierke empfand das Zerstörungswerk als „bodenlose Frechheit“. Felix aus Elbingerode erinnerte an die Bücherverbrennung der Nazis. Die Klasse 10a der Sekundarschule in Burg schrieb, bei Tom und Bill hätten wohl einige Schulstunden in Geschichte und Deutsch gefehlt. Richtige Stars müssten sich als Vorbilder jede Handlung und jedes Wort überlegen. Bis zum Abitur sollten sie ein neues Verhältnis zum geschriebenen Wort aufbauen – und nicht nur zum gesungenen.

Die Elbe

In der Mitte Europas

Wer an die Elbe denkt, sieht vor dem geistigen Auge den Hamburger Hafen oder denkt an den Streit über die Elbvertiefung oder an das Elbsandsteingebirge, Dresden und die Aberkennung des Weltkulturerbestatus wegen des Baus einer Brücke. Zwischen diesen beiden Großstädten aber scheint der nach Donau und Rhein längste deutsche Strom merkwürdig konturenlos.

Allenfalls bei Überschwemmungen wie denen im August 2002 und dann wieder im Juni 2013 richtet sich das Augenmerk für eine kleine Weile auf die Flussregion in der Mitte Europas. Dass aber entlang der Elbe nicht nur die Region um Dresden eine Kulturlandschaft von europäischem Rang ist, weiß vor allem im Westen des Landes kaum jemand mehr. Auch die von Wittenberg ausgehende Reformation und das Bauhaus in Dessau bilden zeitgeschichtliche Zäsuren. Die Elbe markiert ein – manche sagen das – Kernland deutscher Geschichte. Die Altmark säumt den Fluss wie auch Magdeburg, der Gründungsort des Heiligen Römischen Reichs Deutscher Nation.

Von kaum zu überschätzendem Rang war und ist die Elbe auch als Wasserweg. Die Unterelbe verbindet bis heute den größten deutschen Hafen Hamburg mit der Nordsee und damit dem Welthandel. Unübersehbar ist die Häufung einstiger Hansestädte in der nördlichen Altmark – die Elbe ermöglichte es den Kaufleuten des Handels- und Städtebundes, bis in die Mittelgebirge vorzudringen. Wer aber hat heute noch die Silhouette

von Tangermünde vor Augen oder den vielleicht mächtigsten aller Wendelsteine im Schloss Hartenfels in Torgau?

Im kollektiven Gedächtnis der Kinder des 20. Jahrhunderts lebt die Elbe fort als Grenzfluss zwischen Ost und West. Dabei bildete die Mittelelbe „nur" über knapp hundert Kilometer die „Flussmauer" zwischen der Bundesrepublik Deutschland und der DDR. Weiterhin symbolisiert der Begriff „Ostelbier" vielen Unkundigen abschätzig die Grenze zwischen Hochkultur und einer einst agrarisch geprägten Welt. Andere erinnern daran, dass entlang der Elbe europäische Geschichte mit dem Blut Hunderttausender geschrieben wurde. Kaum eine andere Großstadt wurde so bis auf die Grundmauern zerstört wie Magdeburg 1631. Kirchenhistorikern galt die Elbe einst als Grenze, hinter der das Missionsland begann. Das mag heute wieder gelten: Nach einer amerikanischen Studie glauben heute zwischen Elbe und Oder weniger Menschen an einen Gott als in jeder anderen Region der Welt.

Das hat zu tun mit der jahrzehntelangen Grenzlage und dem „Eisernen Vorhang" – und mit der geringen Siedlungsdichte entlang des Flusses. Das ist anders an Nebenflüssen der Elbe wie der Moldau mit Prag, der Saale mit Jena und Halle sowie Havel und Spree mit Potsdam und Berlin – vom Rhein gar nicht erst zu reden. Zwischen Dresden und Hamburg aber ist Magdeburg das einzige Verdichtungsgebiet. Als Ausgleich bietet die Elbe Naturlandschaften und Auenwälder von europäischem Rang. Dabei liegen an der Elbe ebenso wie am Rhein drei Landeshauptstädte, der Fluss entwässert ein Einzugsgebiet von der doppelten Fläche Österreichs.

Dass die Elbe nicht einen ähnlichen Zauber verströmt wie die Donau und der Rhein, hat mit Mythen, Literatur und Kunst zu tun. Eine hundertfach besungene und vertonte Loreley kann die Elbe trotz ihrer Weltkulturerbestätten nicht bieten. Wenige Hundert Hektar Weinberge machen noch keine Weinseligkeit, es fehlen traditionsreiche Studentenstädte, Landschaftsmaler und Gedichte der Romantik. Ingenieurleistungen, Glaubens-

Harz | Brocken

Harz | Brocken

Tangermünde | Hafen

Tangermünde | Eulenturm

Magdeburg | Dom

vodafone

Magdeburg | Blauer Bock

Magdeburg | Hundertwasserhaus

Hundisburg | Schloss

Marienborn | Grenzdenkmal

stätten und Meisterwerke der Landschaftsarchitektur bieten für Ansehen und Fremdenverkehr keinen Ausgleich. Auch wenn es weniger elbische Sagen und Geschichten gegeben hat als am Rhein und diese weniger bekannt sind als die Loreley, weist das lange in die Geschichte zurück: Zwar stand der Versuch des Kaisers Augustus, mit seinen Truppen die Ländereien bis zur Elbe zu sichern, im Mittelpunkt des römisch-germanischen Kampfes. Doch in der antiken Literatur wird die Elbe anders als Donau und Rhein selten genannt.

Im Sommer 2013 wurde die Elbe bewusster wahrgenommen. In der zweiten Jahrhundertflut binnen eines Jahrzehnts brachen Deiche. Dörfer und Stadtteile wurden evakuiert, 200.000 Hektar Land standen unter Wasser. Der Hochwasserschutz aber wirkte besser als 2002. Die Bundeswehr reagierte rasch, die Hilfsbereitschaft Freiwilliger war enorm. Dabei sprach schon 2002 ein Flutbericht von „Tagesniederschlagssummen, die in der Nähe des hier physikalisch überhaupt Möglichen" liegen. Chronisten haben festgehalten, 1501 sei die Elbe auf 8,50 Meter gestiegen, was Nachgeborenen fast unvorstellbar schien – 2002 aber waren es 9,40 Meter. Die Sintflut, unter der Deiche in Sachsen und Sachsen-Anhalt brachen, brachte eine Welle der Sympathie und Hilfsbereitschaft weit über Deutschlands Grenzen hinweg mit sich. So wurde die Elbe zumindest für eine kurze Zeit auch zu einem Symbol der Hoffnung auf ein besseres Miteinander – in Deutschland und in der Mitte Europas.

Schleusen und Häfen

Mal obsiegen die Wirtschaftsminister in Berlin und Magdeburg, mal die Umweltminister: Beim Ausbau der Elbe streiten sich nicht nur Umweltschützer mit der Politik und der Wirtschaft, sondern auch die Ressorts untereinander. In Magdeburg behielten die Wirtschaftsfreunde die Oberhand. Mit der Übergabe von 3,1 Kilometer des Rothenseer Verbindungskanals und

später eines kurzen fehlenden Abschnitts gelang es, Elbe und Mittellandkanal nahtlos miteinander zu verbinden. Damit festigte Magdeburg seine Stellung als größter ostdeutscher Binnenhafen. Der Verbindungskanal, der am Hafen Magdeburg beginnt, kann nun von Großmotorgüterschiffen befahren werden sowie von Schubverbänden mit 185 Meter Länge – Teil des Verkehrsprojekts Deutsche Einheit.

Umweltschützer und der damalige Bundesumweltminister Sigmar Gabriel – bevor also nach einer Ehe Magdeburg vorübergehend sein Lebensmittelpunkt war – hielten den Ausbau der Elbe für ganzjährige Schiffbarkeit weder ökologisch noch ökonomisch für sinnvoll; das sei Steuergeldverschwendung. Gabriel wandte sich damit gegen die Entscheidung von 1992, die Elbe mit einer Fahrrinne von 50 Meter Breite und mindestens 1,60 Meter Tiefe ganzjährig schiffbar zu machen. Der Bundesverkehrswegeplan legte dafür den Ausbau der Elbe in drei Abschnitten fest: zwischen Torgau in Sachsen und Wittenberg in Sachsen-Anhalt, elbabwärts zwischen Dömitz (Brandenburg) und Hitzacker im Landkreis Lüchow-Dannenberg sowie im Stadtgebiet Magdeburg. Während die beiden anderen Strecken zusammen 122 Kilometer lang sind, war jene um Magdeburg herum nur sieben Kilometer lang, aber besonders kompliziert aufgrund des Wasserstraßenkreuzes von Elbe und Mittellandkanal. Dessen Fertigstellung 2003 mit Europas längster Wasserstraßen-Trogbrücke, als Jahrtausendwerk gerühmt, verband den linkselbischen Mittellandkanal mit dem rechtselbischen Elbe-Havel-Kanal und schuf damit die erste direkte Kanalverbindung von Rhein-Ruhr bis Berlin und an die Ostsee ohne den Umweg über die Elbe bei Magdeburg, der bei Niedrig- oder Hochwasser unmöglich war. Andere nennen das Projekt der Superlative gar die größte Kanalbrücke der Welt.

Allein der Bau einer Niedrigwasserschleuse am Magdeburger Hafen, der diesem einen gleichmäßigen Wasserstand sichert, kostete den Bund 40 Millionen Euro. Bei Normalwasser sind beide Tore geöffnet, bei Niedrigwasser der Elbe aber wird

der Hafen abgeschottet. Niedrigwasser erlebt die Elbe immer wieder. Mit der Niedrigwasserschleuse und dem Rothenseer Verbindungskanal konnte die Magdeburger Hafengesellschaft den Hafenausbau zu einer bedeutenden Logistik-Drehscheibe in Mitteldeutschland für die Seehäfen fortführen. Die Stadt errichtete im Industriegebiet Rothensee ein neues Hafenareal, den Hansehafen mit einer 1,5 Kilometer langen Kaimauer, einem Container-Verladeterminal und 40 Hektar Ansiedlungsfläche: der vierte große Hafenbau in der neueren Stadtgeschichte. Für die Ansiedlung mehrerer Industrie- und Gewerbeprojekte am Nordrand Magdeburgs waren der Hafen und seine Anbindung entscheidend, so für ein Bioölwerk, das den Raps aus der Region bezieht, und ein Müllheizkraftwerk.

Vor allem aber galt das für den deutschen Marktführer bei der Herstellung von Windkrafträdern. Enercon hat in Magdeburg seinen wichtigsten Standort noch vor dem Mutterwerk in Aurich aufgebaut. Der Inhaber Aloys Wobben berichtete, ohne die industrielle Fertigkeit der Ingenieure, die er in Magdeburg als Traditionsstadt des Maschinenbaus weit leichter fand als im Westen Deutschlands, wäre der Ausbau von Enercon nur schwer möglich gewesen. Enercon ist nicht nur einer der wichtigen Arbeitgeber der Region, sondern auch Auftraggeber für viele Firmen. Der Produzent konnte nun vom Hansehafen aus Windräder auf dem Wasserweg zu Kunden befördern, was zuvor nur nachts oder zu verkehrsarmen Zeiten auf der Autobahn möglich war.

Der Ausbau des Wasserstraßenkreuzes Magdeburg hatte zunächst ein Opfer: das Schiffshebewerk in Rothensee zwischen Elbe und Mittellandkanal, das offiziell im Juli 2006 außer Betrieb gesetzt worden war. Es gilt als ein Meisterwerk deutscher Ingenieurskunst und eines der beliebtesten Touristenziele der Landeshauptstadt. Seit seinem Bau 1938 hatte es 1,3 Millionen Schiffe je nach Wasserstand zwischen 11 und 18 Meter angehoben oder gesenkt. Freunde der Technik und der Lokalgeschichte vermochten indes durch beharrliches Drängeln und durch

Sammeln von Hilfsgeldern zu überzeugen, das Schiffshebewerk zumindest gelegentlich am Laufen zu halten. Vor allem kleinere Boote und eine Ausflugsflotte können von Ende 2012 an eines der wenigen verbliebenen Zwei-Schwimmer-Hebewerke der Welt wieder nutzen, nachdem Stadt und Bund die Nutzungsvereinbarung Nr. 1912 über die „Badewanne“ unterzeichneten.

Wenn Menschen in Sachsen-Anhalt sich Gedanken machen über den Wasserstand der Elbe und dessen Auswirkungen, geht es meist um eine mögliche Austrocknung ihrer landwirtschaftlich genutzten Felder und der Flussläufe von Elbe und Saale, und damit auch um die Behinderung der Güterschifffahrt. Die Elbe ist das trockenste Flussgebiet mit den geringsten Niederschlägen in Deutschland. Die Niederschlagsmenge war in den letzten hundert Jahren in Deutschland gestiegen, nicht aber im Elbe-Einzugsgebiet. So machten sich Politiker und Landräte eher Gedanken über den Bau der Niedrigwasserschleuse in Magdeburg als um Deiche. Nach der Jahrhundertflut an der Oder 1997 grübelten zwar manche, ob man an der Elbe für Ähnliches gerüstet wäre; und schon vorher hatte Sachsen-Anhalt im Bundesrat eine Initiative für ökologischen Hochwasserschutz eingebracht. Aber eigentlich waren fast alle überzeugt, dass es in Mitteldeutschland eine solche Flutkatastrophe nicht geben könne. Im August 2002 waren sie eines Besseren, oder Schlechteren, belehrt worden.

Die Bilder der schwersten Naturkatastrophe der deutschen Nachkriegsjahre gingen um die Welt. Berichte von Einzelschicksalen, vom Einsatz beherzter Landräte und Rettungshelfer, von den Soldaten, die allein an einem Ort eine halbe Million Sandsäcke aufstapelten, von Versprechungen der Politiker. Der Bund und die EU begannen das größte deutsche Hilfsprogramm nach dem Wiederaufbau. Das Wort der Internationalen Kommission zum Schutz der Elbe blieb hängen, dies sei nicht ein Jahrhunderthochwasser, sondern ein Jahrtausendhochwasser, das Bäche innerhalb von zwei Tagen in reißende Fluten verwandelte.

Wenige Stunden nach den Überschwemmungen in Dresden hatte die Flutwelle Mitte August 2002 Sachsen-Anhalt erreicht und sich dann, abgeschwächt, am Unterlauf der Elbe in Niedersachsen und Hamburg fortgesetzt. Allein Sachsen-Anhalt hatte einen Schaden von ein bis zwei Milliarden Euro – weit weniger indes als Sachsen. Dörfer wurden überflutet, 60.000 Menschen mussten ihre Wohnung verlassen. Besonders die Regionen Bitterfeld und Dessau wurden durch das Hochwasser der Mulde, eines nun mächtigen Nebenflusses der Elbe, geschädigt. Hätte nicht die Mondlandschaft der ehemaligen Braunkohlegruben vor Bitterfeld vieles aufgefangen, wäre alles noch schlimmer geworden. Was die Landschaftsplaner über Jahre hinweg langsam fluten wollten, wurde binnen Stunden zur Goitzsche, zum größten See des Landes.

Aus dieser Erfahrung habe das Land gelernt, berichten Politiker; dem nächsten Hochwasser könne man mit einer gewissen Gelassenheit entgegensehen. Einige Jahre nach der Flut zogen Gemeinden und Denkmalschützer, Talsperrenbetreiber und der Landesbetrieb für Hochwasserschutz und Wasserwirtschaft Bilanz, was damals geschah und was seitdem. Selbst die Kirche berichtete: 15 Kirchen, sieben Häuser und viele Kunstgegenstände und Orgeln waren beschädigt worden; fast alles sei nun dank der Fluthilfe von Land und Kirche wiederhergestellt. Hatten sich Naturschützer zuvor um die Beseitigung von der DDR ererbter Altlasten, Abfällen und schlechter Luft gekümmert, rückte plötzlich der Hochwasserschutz in den Blick. In den zehn Jahren nach der Wende waren insgesamt 44 Millionen Euro für die Befestigung der Deiche aufgewandt worden, seit der Flut aber Jahr für Jahr ein Mehrfaches dessen. Seitdem entspricht zumindest gut ein Drittel aller Deiche den technischen Anforderungen, was vorher nur bei fünf Prozent galt.

Der Deichbau als Hochwasserschutz, der im Vordergrund öffentlicher Aufmerksamkeit steht, ist nur ein Teil viel breiterer Bemühungen. Darüber hinaus geht es um Vorsorge einzelner, um bessere Absprachen, um Forschung und um eine neue

Schutzpolitik. Selbst die Bundesbahn bezieht nun Dammaufschüttungen und Spundwände in Bauvorhaben stärker als zuvor ein, etwa beim Neubau einer Strecke bei Dessau-Roßlau. Zwischen Tschechien und Deutschland, zwischen Ländern und Behörden, hat sich der Informationsfluss nach den Erfahrungen aus 2002 verstärkt und verbessert.

Umweltverbände waren nicht zufrieden mit dem Nebeneinander von Deichschutz und Überflutungsflächen als zweitem Standbein des Hochwasserschutzes. Auch wenn die Elbe der letzte frei fließende Strom Mitteleuropas ist: Durch Begradigungen und Verkürzungen im Laufe der Jahrhunderte stehen nur noch 15 Prozent der einstigen Überflutungsflächen zur Verfügung. So wird ein Hochwasser nicht nur schneller, sondern auch wuchtiger. Sachsen-Anhalt schuf Überflutungsflächen an Elbe, Mulde und Havel, indem Deiche von den Flussufern ins Hinterland verlegt wurden. Dabei wollte man auch dem Naturschutz dienen und Auenwaldgebiete wiederbeleben. Mit solchen Flutpoldern vor dicht besiedelten Gebieten soll der Hochwasserpegel gesenkt werden. Schon 30 Zentimeter Unterschied kann entscheiden, ob ein Keller überflutet wird – bei der nächsten Jahrhundertflut, die möglicherweise früher als erwartet kommt. Ein Restrisiko bleibe immer, berichten Mitarbeiter, die sich um verbesserten Hochwasserschutz bemühen. Das Schlimmste wäre ein Eishochwasser – wenn Flutwasser nicht in gefrorene Böden einsickert. So stimmt sorgenvoll, dass durch die Klimaänderungen Sachsen-Anhalt künftig in den Sommern mehr Trockenheit, in den Wintern aber mehr Niederschläge erwartet.

Es kommt kein Schiff geladen

Sachsen-Anhalt mache sich zum Gespött, warnt der Umweltschützer Ernst Paul Dörfler. Er kämpft mit achtzehn Umweltgruppen, dem Bund der Steuerzahler und den Grünen gegen den Bau des Elbe-Saale-Kanals, der nach seiner Auffassung nur

dazu diene, die Mitarbeiter des Wasserschifffahrtsamtes in Magdeburg zu beschäftigen. Die Kosten von 100 Millionen Euro für einen 7,5 Kilometer langen Kanal sind nach Auffassung der Kanal-Gegner Verschwendung. Die Befürworter glauben, damit der Binnenschifffahrt zu dienen, zumal ja der Bund die Kosten zu tragen habe. Durch den Schleusenkanal soll die Saale von Halle bis zur Mündung in die Elbe ganzjährig für Schiffe mit einer Ladung bis zu 1.350 Tonnen befahrbar werden – man wolle die Entwicklungspotenziale der Häfen nutzen. Damit weisen sie auf den schon fertigen Ausbau des Saale-Hafens in Halle hin, den viele für einen Schildbürgerstreich halten. In den Hallenser Hafen wurden 30 Millionen Euro investiert. Dreißig Schiffe könnten dort gleichzeitig abgefertigt werden – in den letzten Jahren legte dort aber kein einziges Frachtschiff an. Viele Hunderttausend Tonnen Fracht seien in einem Jahr im Hafen Halle umgeschlagen worden, meldet die Hafenbehörde – zwei Drittel mit Lastwagen, ein Drittel über die Schiene und „null" Tonnen zu Wasser. In die Saalemündung, deren flache Schlaufen und Windungen durch den Kanal überwunden werden sollen, fahren allenfalls ein oder zwei Frachtschiffe im Monat – und auch dann nicht zum Hafen Halle.

Der Abschluss des Raumordnungsverfahrens ist nur eine von vielen Hürden. Nun muss der Bund entscheiden, ob der Saale-Ausbau wirtschaftlich sinnvoll ist, und er zögert nicht nur aus Haushaltsgründen. Einlassungen aus Berlin waren mal scheinbar entschieden, mal bemerkenswert vage. Auch Stimmen in Magdeburg sind verhalten – nur der Verkehrsminister grummelte, ohne den Bau von Buhnen und des Saaleseitenkanals verkomme der Osten Deutschlands bei der Binnenschifffahrt zum infrastrukturellen Niemandsland. Und der Verein zur Hebung der Saale-Schifffahrt verweist darauf, ohne die, weiterhin nicht erfüllten, Zusagen Anfang der Neunziger hätten einige Unternehmen – es geht um Salz, Zement, Chemie – ihre Investitionen von insgesamt einer halben Milliarde Euro nicht beschlossen.

Ohne eine gleichzeitige Vertiefung der immer stärker von Niedrigwasser betroffenen Mittelelbe um Magdeburg herum wäre der Schleusenkanal zwischen Saale und Elbe, der bis 2020 fertig sein sollte, eine Investitionsruine. Da der Kanal drei Meter Wassertiefe haben soll, die Elbe aber nur durchschnittlich 1,40 Meter tief ist, könnten die Schiffe meist nicht weiterfahren. Derzeit ist die Binnenschifffahrt auf der Elbe wenig rentabel: Wie auf den letzten Saalekilometern schwankt auch hier der Wasserpegel. Für voll beladene Europaschiffe, 90 Meter lang und 9,5 Meter breit, war die Mittelelbe in den vergangenen Jahren nur an durchschnittlich 88 Tagen befahrbar. Eine Schifffahrt lohnt sich da nicht. Naturschützer befürchten, der Bau des Saalekanals böte anschließend ein Argument für die Vertiefung der Mittelelbe. Das aber gefährdete den international geschützten größten Auenwald Mitteleuropas, ein urwaldähnliches Unesco-Biosphärenreservat, wie auch Überschwemmungsräume, die bei Hochwasser als Rückhaltebecken dienen könnten. Die Elbe ist einer der letzten natürlich fließenden Ströme Europas.

Totschlag an der Elbe

Als ein humorbegabter Staatssekretär – Marco Tullner arbeitet in Magdeburg, ist aber überzeugter Hallenser – sagte, er habe nichts dagegen, wenn Mord und Totschlag von der Saale an die Elbe verlagert würden, wurde er angefehdet. Manche sahen die Verlegung des „Polizeirufs 110“ von Halle nach Magdeburg als neues Zeichen der Verschwörung der Landeshauptstadt gegen Halle. Die Beziehung beider Orte gleicht jener zwischen Köln und Düsseldorf oder Hannover und Braunschweig: also eine voller Inbrunst gepflegte Rivalität und Abneigung. Mal ging es darum, dass der Umbau des Fußballstadions in Halle hoch subventioniert wurde, jener in Magdeburg nicht; und dann darum, dass 2.000 Pädagogik-Studenten von Magdeburg nach Halle „verlegt“ wurden.

So brachte die Entscheidung des Mitteldeutschen Rundfunks, nach der fünfzigsten Sendung die neuen Kommissare in Magdeburg ermitteln zu lassen, einen halben Volksaufstand – diesmal im Süden. Die hallesche Oberbürgermeisterin wollte sich das „verdammt noch einmal“ nicht gefallen lassen. Fans hatten indes noch nicht einmal hundert Unterschriften für ihre Petition auf Facebook gesammelt, die meisten zudem anonym. Liebhaber der gemütlichen Kommissare verwiesen darauf, dass der Fernsehkrimi Halles Image „von einer Diva in Grau zu einer liebenswerten Stadt“ verbessert habe. Wer manche Folgen sah, verband mit der Region verwickelte Geschichten, vor allem aber Burgen, Wälder, Falkenzucht und Naturschutzgebiete. Der Polizeiruf ist in der Tat Werbeträger einer vernachlässigten Region: Der Landestourismusverband Sachsen-Anhalts könnte Regie geführt haben, schrieb eine überregionale Tageszeitung in einer Kritik. So war der Zwist um den Polizeiruf verständlich, zumal er viele Vorgeschichten hat – die Niederlage der Südmetropole im Kampf um den Sitz der Hauptstadt nach 1990 war der folgenreichste.

Regionalkrimis sind im Aufschwung – eine Konferenz in Leipzig beriet über sie unter dem schönen Titel „Stadt-Mord-Ordnung“. Hier, in den gedruckten Ausgaben, liegen Halle und Magdeburg gleichauf. An der Elbe gibt es mehr Krimi-Anthologien. An der Saale geht es mal beschaulich zu – sogar der romantische Dichter Joseph von Eichendorff darf dort ermitteln, munter beschrieben vom Hallenser Autor Bernhard Spring – oder aber verbittert, wenn ein in Halle gestrandeter westdeutscher Privatdetektiv ostdeutsche Befindlichkeiten erkundet. Auch die vergleichende Polizeistatistik hilft wenig bei der Suche nach dem rechten Ort für den Polizeiruf: Bei fast gleicher Einwohnerzahl von jeweils 230.000 liegt Magdeburg bei der Häufigkeitszahl registrierter Kriminalität nur leicht vorne.

Und wenn sich Halle und Magdeburg noch immer nicht einigen können, sollten sie an einen neutralen Ort gehen – in der Altmark gibt es alljährlich ein Altmärker Kriminalfestival,

auf dem zumindest die Hallenser Tatort-Kommissare auch mal auftauchen. Auch durch Orte, in denen gelesen und Spuren gesucht werden, fließt die Elbe, etwa Tangermünde, das ja vom elften bis zur Mitte des fünfzehnten Jahrhunderts mit seiner Reichsburg das Land an der Elbe sicherte gegen Mord und Totschlag.

Der Harz

Der Brocken – Benno und die Hexen

Benno Schmidt ist an seinem achtzigsten Geburtstag wieder auf den Brocken gestiegen: damit 6.666 Mal. Er sieht sich als der „einzige Siebentausender im Harz“. Mitglieder des Harzclubs von Schierke enthüllten auf dem Gipfel eine Wanderbank aus Granit mit der Aufschrift „Brocken-Benno“. Einen Glückwunsch erhielt der Rentner aus Wernigerode vom bekanntesten Bergsteiger der Welt, Reinhold Messner. Jedes Mal holt er sich vom Brockenwirt oder dem Fremdenverkehrsbüro des Nationalparks einen Stempel in seinen Brockenpass – um die 200 Pässe besitzt er bisher. Für jeden Aufstieg von Schierke zum Gipfel, zwölf Kilometer – insgesamt 100.000 Kilometer, zweieinhalbmal um die Erde – braucht er etwa eineinhalb Stunden; sein Aufstieg aber wird oft unterbrochen von Autogrammsammlern und Fotografen. Brocken-Benno berichtet, er habe seit dem Mauerfall 1989 den Berg fast täglich erstiegen. Der grenznahe Brocken war am 3. Dezember 1989 wieder geöffnet worden. Zuvor war er in den Jahren der Teilung gesperrt als Abhörzentrale in den Westen hinein – der alte Fernsehturm (Telekom-Turm) gilt als ältester Fernsehturm der Welt. Selbst der Orkan Kyrill hatte Benno Schmidt nicht abgehalten. Siebzehn Paar Wanderschuhe hat er verschlissen, doch er hat noch genügend daheim in Wernigerode, für jede Wetterlage. Wer eher Abwechslung schätzt, hat als Wanderer im Harz 221 weitere Stempelstellen, um seinen Freunden zu imponieren.

Auf dem Brocken-Gipfel, volksmündlich „Blocksberg" genannt, tanzen nach der Mär die Hexen zur Walpurgisnacht. Seit 1300 gilt der Brocken als ein Zentrum des Hexensabbats – möglicherweise, weil er mit bis zu 306 Nebeltagen im Jahr den Rekord, auch als niederschlagsreichster Punkt des nördlichen Mitteleuropas, hält. Das hatte Goethe im „Faust" literarisch gestaltet. Er war einer von vielen bekannten Besuchern – dreimal stieg er hoch – neben Zar Peter der Große, Hans Christian Andersen, Heinrich Heine. Heine beschrieb in seiner selbst ins Russische übersetzten „Harzreise" seine vierwöchige Wanderung auf den Brocken und durch das sagenumwobene Gebirge als Student von Göttingen aus. Hermann Löns hatte den Gipfel beim Urlaub immerhin sechzehn Mal erklettert. Otto von Bismarck lernte auf dem Gipfel seine künftige Ehefrau kennen. Vielleicht facht der beständige Wind die Fantasie der Dichter und Staatenlenker an: Im Jahresdurchschnitt weht der Wind mit fast 40 Stundenkilometern. Mehrfach ging der Brocken mit nahezu 200 Stundenkilometern auch als windreichster Ort des Jahres in die Wetterstatistiken ein. Romantikern wie Novalis, der den Harz zum „Muttergebürg" erklärte, wurde er zur Sehnsuchtslandschaft. Weniger romantisch war eine andere Besonderheit: Bis 1989 galt die Abhöranlage als westlichster Vorposten Moskaus.

Weit älter als diese Abhöranlage ist die Wetterwarte auf dem Brocken – seit 1895 ist sie ständig besetzt und seit 2010 auch eine der zwölf „Klimareferenzstationen" des Deutschen Wetterdienstes, die über die kommenden hundert Jahre hinweg in Messreihen den Klimawandel erfassen soll. Einer der sieben Wetterdiensttechniker kann auf einen ähnlich spektakulären Rekord weisen wie Brocken-Benno: Seit seinem siebzehnten Lebensjahr arbeitet Ingo Nitschke dort wie zuvor seine Eltern – und jetzt steht er schon just im sechsten Lebensjahrzehnt. Nitschke liebt die Tage, an denen der eisige Wind den Atem an seinem Bart gefrieren lässt.

Nicht nur der Brocken beansprucht den Hexentanzplatz: Auch in Thale kann man zum Hexentanzplatz mit Gondeln

hochfahren statt zu Fuß gehen wie Benno und dann noch durch einen gläsernen Gondelboden auf die Baumwipfel schauen. Nicht ohne Grund ist der Harz – der erste länderübergreifende Nationalpark Deutschlands – eines der beliebtesten Fremdenverkehrsziele Norddeutschlands; dabei liegen das Weltkulturerbe Oberharzer Wasserregal und das Bergwerk Rammelsberg, beruhend auf dem alten Silberbergbau, auf der niedersächsischen Seite. Die Schmalspurbahnen, auch auf den Brocken, sind 125 Jahre alt. Am Ortsrand von Hasselfelde wurde eine bewusst gewaltfreie Westernstadt nachgebaut mit Blockhäusern und Goldwäscherei. In Oberharz am Brocken, direkt am Harzer Hexen-Stieg, sind im Höhlenort Rübeland gleich zwei Tropfsteinhöhlen direkt nebeneinander. Ebenfalls kristallleuchtend ist die Glasmanufaktur in Derenburg, eine der wenigen noch produzierenden Mundglashütten Deutschlands. In Altenau sind im Kräuterpark Salbei und Lavendel, Thymian und Minze zu beriechen. Wer lieber trinkt als riecht, kann den rotbraunen Likör „Schierker Feuerstein" genießen (Schierke galt in DDR-Jahren dank seiner Schneeverhältnisse und der Bahnanbindung an Berlin als „St. Moritz des Nordens"). Milder ist das „Hasseröder Pils" aus Wernigerode – eine der wenigen Marken aus DDR-Jahren, die den Westen eroberten. Und wem auch das an einem Harztag nicht genügt, der kann auf Rodelbahnen Nachtrodeln oder auch Nacktrodeln probieren.

Halberstadt – das Buch des Lebens

Für einen kleinen, wiewohl geschichtsträchtigen Ort kann Halberstadt ganz schön viele Besonderheiten aufweisen – neben dem wohl bedeutendsten Domschatz nördlich der Alpen. Kulinarisch Gesinnte denken an patentgeschützte Halberstädter Würstchen. Ornithologen verweisen darauf, das Vogelkundemuseum nenne als einziges in Europa gleich zwei Bälge des

Elfenbeinspechts sein Eigen. Das Gleimhaus als eines der ältesten deutschen Literaturmuseen hat die größte Porträtsammlung von Schriftstellern und anderen namhaften Persönlichkeiten des 18. Jahrhunderts. Historiker pochen darauf, dass hier der erste deutsche Gewerkschaftskongress stattfand und die erste elektrische Straßenbahn fuhr. Musikfreunde weisen auf das auf 639 Jahre angelegte „längste Musikstück der Welt", dessen Klangwechsel alle paar Monate oder Jahre nach Vorgaben des Komponisten John Cage Liebhaber von weither in die Burchardikirche ziehen. Bei der Uraufführung 1987 hatte das Stück nur 29 Minuten gedauert. Bei seiner Vorgabe „so langsam wie möglich" orientierte sich Cage am Bau der Blockwerkorgel im Halberstädter Dom im Jahr 1361, der ersten Großorgel der Welt – gespiegelt an der Zeitachse des Jahrs 2000. Da sie die Oktave erstmals in zwölf Halbtöne teilte, sei das – so der Domkantor – die Geburtsstunde der modernen Musik gewesen. Freunde ungewohnter Bauensembles weisen auf den Domplatz, der von zwei Kirchen unterschiedlicher Epochen eingerahmt wird, der romanischen Liebfrauenkirche und dem hochgotischen Dom: Das gibt es zumindest in Deutschland nicht gerade oft.

Im Mittelpunkt Halberstadts steht natürlich der Dom. Sein Domschatz, heißt es, sei der umfangreichste am Ursprungsort erhaltene der Welt, ein Zeugnis abendländischer Kultur, das „gleich nach den Schätzen des Vatikans" komme. Immerhin konnte die Stadt am Harz schon vor 965 Jahren mit Clemens II. einen Papst stellen. Sicher jedenfalls ist, dass der Domschatz die größte Sammlung kirchlicher Textilien nördlich der Alpen vorzuweisen hat und die ältesten gewirkten Kirchenteppiche der Welt. Neben dem Kölner Domschatz zählt der in Halberstadt zu den reichsten Sammlungen kunstgewerblicher und künstlerischer Kostbarkeiten des Mittelalters. Anders als manch andere Domschätze sind sie nicht in Verliese eingezwängt, sondern großzügig im umgebauten Kreuzgang im Obergeschoss und angrenzenden Räumen wie dem Kapi-

telsaal und der Sakristei aufgebaut. Diese erlauben bisweilen Blicke in den Dom oder auf die Kirchenfenster mit dem „Halberstädter Grün".

In mittelalterlicher Tradition gelten die Reliquien, unter ihnen ein Tafelreliquiar und vier Armreliquiare, als Kern des Domschatzes. Das wertvollste Stück aber ist die aus Silber gegossene, vergoldete byzantinische Weihbrotschale aus dem frühen elften Jahrhundert, die wohl bedeutendste erhaltene Silbertreibarbeit der mittelbyzantinischen Epoche. Auf ihr wurde in der Messfeier der Ostkirche das eucharistische Brot zerlegt. Wie viele Stücke der Sammlung brachte Bischof Konrad von Krosigk sie 1204 vom Kreuzzug aus Byzanz mit. Am von Silber eingefassten Jakobsschädel verweist das Schild darauf, dies sei „Kreuzzugsbeute" – der Raub sei aber verjährt, sagen schelmisch-verschämt die Ausstellungsmacher. Andere byzantinische Schätze dürften aus der Brautgabe der Kaiserin Theophanu stammen, der Ehefrau von Otto II.

Auf Versöhnung und Ökumene nicht nur mit den Orthodoxen hatte beim Festgottesdienst zur Wiedereröffnung des Domschatzes im Jahr 2008 der damalige Ratsvorsitzende der Evangelischen Kirche in Deutschland, Wolfgang Huber, gesetzt. Er sagte, dass der „gigantische Schatz von Weltrang" alles Unbill der Geschichte fast unversehrt überstanden habe, grenze nicht nur an ein Wunder, es sei eines. Und der damalige Bundespräsident Horst Köhler sprach von einem Freudentag für ganz Deutschland. Der evangelische und der katholische Bischof von Magdeburg leiteten den Gottesdienst gemeinsam im Dom, der kirchenrechtlich seit 1810 nur einfache Pfarrkirche ist. Das findet in der Geschichte des Domschatzes eine Berechtigung: Erhalten blieb er vor allem, weil dank des späten Einzugs der Reformation im Vorharz die Zeit der Bilderstürmerei vorbei war und von 1591 bis zur Auflösung des Domkapitels 1810 zwölf evangelische und vier katholische Domherren die gotische Kathedrale schützten und nutzten – auch das gilt als einzigartig in der deutschen Kirchengeschichte.

Zu sehen waren kleinere Teile des Domschatzes mit seinen Goldschmiedearbeiten und Handschriften, Textilien und Skulpturen vom 5. bis zum 18. Jahrhundert als Museum schon seit 1936 und nach dem Wiederaufbau des 1945 teilzerstörten Doms seit 1959. In den Jahren der DDR behinderten Reisebeschränkungen, Kirchenferne und Geldmangel, dass Halberstadt so zugänglich war wie es seinem Rang entsprach. 1996 einigten sich in komplizierten Verhandlungen Staat und Kirche über den Besitz – Eigentümer des Domes und bald darauf des Domschatzes wurde die Stiftung Dome und Schlösser in Sachsen-Anhalt (die damit auch für Restaurierungskosten aufkommt), das Recht der Nutzung und Präsentation aber übt die Kirche aus. Sachsen-Anhalt hatte gehofft, mehr Besucher zu locken – vor allem aus der Jugend und aus der Region statt wie bis dahin überwiegend ältere Besucher aus dem Bildungsbürgertum Süd- und Westdeutschlands.

Der neu geschaffene Anbau für Depot und Werkstätten sowie die erweiterte Ausstellungsfläche griff zurück auf inneren Einklang mit dem Vorhandenen – ein respektvoller und harmonischer Bau, der nicht triumphiert. Die Ausstellung ist weder chronologisch noch nach Materialien geordnet, sondern nach den Funktionen innerhalb der Liturgie: Alle Werke im Domschatz, das gibt es sonst kaum, waren in den Gottesdienst eingebunden gewesen. Mit ihrer Präsentation will die Kirche mittelalterliche Religiosität zeigen und Besuchern die Schwelle zur Kirche ebnen. In den meisten Räumen ist das Licht gedämpft – die Luxzahl entspricht Kerzenlicht.

Damit wollen die Kustoden den ungewöhnlichsten Teil der Sammlung schützen, die Textilien, die ihre kräftigen Farben teils fast ein Jahrtausend lang bewahrt haben. Einmalig sind monumentale Wandteppiche, die als die größten und ältesten Wirkteppiche der Welt gelten: der Abraham-Engel-Teppich von 1150 und der Apostelteppich von 1170. Auf ihm sitzt Christus als Weltenrichter auf einem Regenbogenthron mit dem geöffneten Buch des Lebens in der linken Hand. Der Bestand der

Gewänder, Stolen und Mitren, die Halberstädter Bischöfe zur Messe trugen – das älteste reicht fast bis zur Gründung 804 durch Karl den Großen als erstes Bistum Mitteldeutschlands zurück –, sucht als Sammlung liturgischer Textilien des Mittelalters nach Form und Vielfalt ihresgleichen. Die Fachwelt wusste das – in der öffentlichen Wahrnehmung aber sind Köln und Aachen prominenter.

Quedlinburg – Anfechtungen gewohnt

Anfechtungen hat Quedlinburg genügend erlebt – bisher überwand es alle. Kaiser Otto entging in der Königspfalz einem Mordanschlag durch seinen jüngeren Bruder, sein Enkel einem Entführungsversuch durch seinen Onkel. Versuche Heinrich Himmlers, die Kirche zur Weihestätte der SS umzufunktionieren, scheiterten am Widerstand, ebenso an Geldmangel, wie Pläne der DDR, die Altstadt vollständig niederzureißen und mit sozialistischen Plattenbauten zu ersetzen. Eine weitflächige Bombardierung zum Kriegsende unterblieb, weil mutige Ortsbewohner auf dem Bahnhof gelagerte V2-Raketen rechtzeitig aus der Stadt brachten. Die Ausdünnung des Domschatzes nach Kriegsende wurde weitgehend behoben, als 1993 zehn der zwölf von einem kunstsinnigen amerikanischen Leutnant geraubten Hauptwerke – er hatte die in einer Höhle ausgelagerten Schätze zu bewachen – in einem Tresor in Texas gefunden und „gegen Finderlohn" zurückgeführt wurden.

Mittlerweile sind die Altstadt mit mehr als 1.200 Fachwerkhäusern, der Schlossberg und der Dom Weltkulturerbe. Der Dom bewahrt neben der Grablege des 936 verstorbenen Königs Heinrich I. im Chorbereich eine der wenigen erhaltenen hochmittelalterlichen Schatzkammern. Weltrang haben seine Meisterwerke der Goldschmiede, der Elfenbeinschnitzerei und der Buchkunst nicht zuletzt, weil das Damenstift einen Großteil als Geschenk des ottonischen Herrscherhauses erhalten hatte.

Frauen spielten in Quedlinburgs Geschichte des Öfteren eine Rolle, nicht nur die Stiftsdamen. So etwa wurde die in den Jahren des Rokoko gebürtige Quedlinburgerin Dorothea Christina Erxleben Deutschlands erste promovierte Ärztin – das ging nur, weil der preußische König Friedrich der Große die Universität Halle angewiesen hatte, sie zur Promotion zuzulassen.

Nun aber erlebt der Geburtsort des Zeichners, Malers, Schriftstellers und Schlagertexters Fritz Graßhoff auch ohne die Frauen wieder eine Anfechtung: Der Stadtrat wollte die Besitzverhältnisse am Quedlinburger Domschatz klären lassen. Die evangelische Kirchgemeinde ist überzeugt, der Domschatz gehöre ihr und damit der Kirche. Die FDP dagegen meint, mit der Übertragung der romanischen Kirchengebäude an die Kommune sei diese auch Eigentümer des Schatzes. Ein Stadtrat soll gesagt haben, wenn sich die Kirche unnachgiebig zeige, werde man einfach als Stadt das Hausrecht ausüben und die Kirchentür abschließen. Dabei geht es um (der Stadt obliegende) Unterhaltskosten für die Kirche, (der Kirche zukommende) Eintrittsgelder und Vorwürfe, der Fremdenverkehr werde nicht hinreichend gefördert. Dann kam wieder ein Zug zum Pragmatischen. Bevor der Stadtrat ein juristisches Gutachten einholte, wollte man erst weiter in Kirchenarchiven nach Unterlagen zu einem Vertrag von 1854 suchen.

Im Übrigen ist es Quedlinburger Stiftsdamen zu verdanken, dass Litauen im Jahr 2009 sein tausendjähriges Bestehen aufwendig feiern konnte. Sie berichten in einem Eintrag zum Tod des Missionars Bruno von Querfurt, der Litauer zum Christentum bekehren wollte: „Der Heilige Erzbischof und Mönch Bruno, zubenannt Bonifacius, wurde an den Grenzen von Ruscien und Lituen von den Heiden mit achtzehn Gefährten enthauptet und kam am 9. März im elften Jahr seiner Bekehrung in den Himmel.“ Die erste verbürgte Eintragung des Landesnamens in den Quedlinburger Annalen bot Anlass zu Feiern und Ausstellungen nicht nur in Litauen, sondern auch im Quedlinburger Schloss.

Blankenburg und sein Löwe

Wenn man Zeitungsberichten und der Webseite der Stadt Blankenburg hätte glauben können, war die Harzstadt in heller Aufregung, nahezu Empörung: Die Welfenfamilie wolle ihr „liebstes“ Wahrzeichen, den Löwen, fortschaffen. Bürger forderten im elektronischen Gästebuch der Stadt eine Unterschriftensammlung oder „Montagsdemonstrationen“ und hofften, dass auch ihre Enkel noch auf dem Löwenrücken im Barockgarten am Kleinen Schloss reiten könnten wie einst sie selber. Mit Blankenburg ist das älteste Fürstenhaus Europas eng verbunden. Der Chef des Hauses lebte dort von den Neunzehndreißigern bis zur Vertreibung 1945. Ihr Hab und Gut mussten sie zurücklassen. Das Landesamt zur Regelung offener Vermögensfragen in Halle entschied nun nach und nach über die Rückgabeansprüche des beweglichen Guts, insgesamt wohl einige tausend Stück in Sachsen-Anhalt.

Auch die löwene Bronzestatue müsse zurückgegeben werden, befand das Amt. Prompt kamen die „Welle der Entrüstung“ und eine Klage des Rats gegen den Bescheid. Der Löwe sei, sagt der Bürgermeister, ein Kulturgut von herausragender Bedeutung. Über Alter und Herkunft des Löwen, „Blankenburgs ganzer Stolz“ und „ein wesentlicher Teil unserer Identität“, aber wusste die Stadt wenig. Offenbar, so die Webseite der Stadt, sei das eine von mehreren späten Kopien des Braunschweiger Löwen, den die Prinzenfamilie „vermutlich“ vor etwa achtzig Jahren aus ihrem österreichischen Exil nach Blankenburg brachte. Dort verhinderten Denkmalpfleger 1952 eine geplante Einschmelzung. Die Welfenfamilie begriff die Aufregung nicht so ganz. Der Löwe stand dank eines Nießbrauchs ohnehin vorerst noch auf dem Schlossberg. Und Erbprinz Ernst August von Hannover, der das bewegliche Gut 2004 von seinem Vater gleichen Namens ererbt hatte, suchte das Einvernehmen und stellte 2012 den Löwen der Stadt als Dauerleihgabe zur Verfügung als „Zeichen der besonderen Verbundenheit der Familie Hannover mit der Stadt“.

Der Löwe ist der sichtbarste Streitfall um Alteigentum, aber keineswegs der einzige. Sachsen-Anhalt musste bis Ende 2014 noch etwa 30.000 Kunstwerke oder Archive Alteigentümern zurückgeben, die im Zuge der Bodenreform nach 1945 in der damaligen Sowjetischen Besatzungszone und dann der DDR enteignet worden waren. Ein 1994 verabschiedetes Bundesgesetz gab öffentlichen Stellen ein kostenloses Nießbrauchrecht für zwanzig Jahre. Danach mussten Bund, Länder und Kommunen die Werke, die in Museen, Bibliotheken oder Depots lagern, ihren früheren Eigentümern zurückgegeben haben.

Der Kultusminister Sachsen-Anhalts, Stephan Dorgerloh, sagte in Magdeburg, das Landesamt für offene Vermögensfragen habe mehr als 120.000 Werke im öffentlichen Bereich erfasst, die den Alteigentümern – meist Fürsten- und Adelsfamilien – restituiert werden müssen. Von diesen seien nahezu 100.000 Kunstwerke bereits zurückgegeben worden. Die Angaben Dorgerlohs und die Antwort der Landesregierung auf eine Anfrage der Linkspartei waren zumindest in jüngerer Zeit offenbar die ersten in einem neuen Bundesland, die darauf deuteten, wie hoch die Zahl privater Möbel, Gemälde, Teppiche, Archive und Bibliotheken war, die die öffentliche Hand rechtswidrig im Besitz hatte. Da in zahlreichen Fällen die Eigentumszuschreibung noch nicht geklärt ist – Eigentumswechsel über Jahrzehnte hinweg müssen oft ohne gesicherte Unterlagen geklärt werden –, wird sich die Zahl noch erhöhen.

In Brandenburg und Mecklenburg-Vorpommern unterscheidet sich die Lage, weil es im märkischen und pommerschen Landadel eher „kleine, ländlich geprägte Adelshäuser“ gegeben hatte. In Sachsen-Anhalt und in Thüringen mehr noch als in Sachsen gab es dagegen durch die territoriale Zersplitterung viele kleine Fürstentümer, die jeweils mit Kunstsammlungen Pracht zeigen wollten. In der Regel konnte Magdeburg sich mit Alteigentümern einvernehmlich einigen; diese wie auch das Land legten indes Wert auf Vertraulichkeit. Die Landesregierung hob „gute, einvernehmliche“ Einigungen mit den Familien Prinz von

Anhalt und von Alvensleben hervor. Der Familienverband derer von Alvensleben hatte ihre historische Bibliothek mit Erstdrucken wichtiger Reformationsschriften, die zuvor als Leihgabe in der Herzog-August-Bibliothek in Wolfenbüttel stand und davor im Kloster Loccum, 2012 nach Schloss Hundisburg in Haldensleben im Bördekreis überführt und ihren Familientag mit der Einweihung dort verbunden. Am neuen Standort wurde die im 16. Jahrhundert begründete Bibliothek nicht nur in die Region ihrer Entstehung zurückgeführt, sondern auch mit Büchern der historischen Sammlung vereinigt, die nicht 1945 in den Westen gebracht worden waren.

Mehrere Museen sowie das Landeshauptarchiv hüteten Kulturgut von überregionaler Bedeutung, das spätestens Ende 2014 den Eigentümern zurückgegeben werden musste, soweit es nicht eine Einigung etwa über Dauerleihgaben gab. Bei Archiven einigte sich das Landesarchiv bisweilen mit den Eigentümern, ihnen den Bestand vorzeitig zurückzugeben, sofern es die Archivalien verfilmen durfte. Einige öffentliche Bibliotheken haben einen erheblichen Bestand von Büchern, den sie ohne eine Einigung fortgeben mussten, etwa die Universitätsbibliothek Halle. Die ähnlich traditionsreiche Magdeburger Stadtbibliothek berichtet von etwa 8.000 Bänden vor allem aus dem 19. Jahrhundert, die an zwanzig Einzelpersonen und Familien zurückgegeben wurden. Dafür erkundeten fünf Bibliothekare und Fachkräfte über zwei Jahre hinweg die Herkunft ihrer Bestände. Bei der Provenienzforschung war eine ähnlich aufwendige Suche in fast allen öffentlichen Institutionen geboten. Dabei ging es neben den Alteigentümern aus den Bodenreformjahren auch um aus jüdischem Besitz enteignete Kulturgüter, die mehr Aufmerksamkeit auf sich zogen.

Bei 285 Vermögenswerten, die für Sachsen-Anhalt bedeutsam sind, verhandelte das Land mit den Alteigentümern – etwa Gemälde, die in der Anhaltischen Gemäldegalerie Dessau, in Zeitz, in der Kulturstiftung Dessau-Wörlitz oder in den Museen in Quedlinburg und Wernigerode ausgestellt sind. Nicht

immer kam es zu einer Einigung. In etwa 50 Fällen wurden Kunstwerke mit Landesbedeutung nach der Rückübertragung verkauft, einige in das Ausland. Bisweilen hatten Alteigentümer überhöhte Vorstellungen, auf die das Land nicht einging. Als die Werke dann auf eine Auktion kamen, ersteigerte Sachsen-Anhalt sie zu einem Preis deutlich unter dem zuvor geforderten.

Ströbeck im Zeichen des Schachs

Ströbeck will erreichen, was die Unesco Heidelberg schon zweimal verwehrte: ein Weltkulturerbe werden. Die Antragsdokumente dafür hat es fertiggestellt. Ströbeck? Das Dorf fünf Kilometer westlich von Halberstadt war schon immer keck, ein begnadeter Selbstdarsteller. So hatte sich der Ort in eine Ausstellung im Haus der Geschichte in Bonn eingebracht. Zudem war er Gastgeber des Vereins der zwölf „Kulturdörfer Europas". Damals, 2006, wurde viel geputzt und aufgebaut – ein Europapark entstand, ein Schachmusical wurde uraufgeführt. Gemessen an den üblichen Unesco-Zielen ist das Vorhaben abwegig: Ströbecker sind durchtrieben genug zu wissen, dass ihr Weg zur internationalen Anerkennung lang sein wird. Sie wollten aber eigentlich nur öffentliche Aufmerksamkeit auf ihr Begehr lenken, dass die Grundschule nicht geschlossen wird, nachdem sie das Ende der Sekundarschule schon nicht verhindern konnten. Denn diese Grundschule steht wie alles im Dorf seit fast tausend Jahren, durch alle Fährnisse und Ideologien hindurch, im Zeichen des Schachs. Seit 1823 ist Schach an der Grundschule verpflichtendes Schulfach. Sachsen-Anhalt ist offen für solch schulische Sonderwege und Traditionen, sichtbar am Segelfluggymnasium in Laucha. Wo man auch hingeht – Schach ist schon da, im Stadtwappen, als Windfahne auf der Kirchturmspitze, beim Schachturm als Wahrzeichen der Stadt, von dem aus im elften Jahrhundert das Schachfieber ausging. Damals nämlich hatten Ströbecker Bürger im Auftrag des Bischofs von

Halberstadt im Wehrturm einen gefangenen Grafen bewachen müssen. Dieser brachte den Bürgern das königliche Spiel und damit das Fieber bei. Jedem neuen Landesfürsten mussten die Bürger ein silbernes Schachspiel überreichen, um ihre Steuerfreiheit zu bewahren.

Seitdem hat Ströbeck ein Traditionsgasthaus „Zum Schachspiel“ am gleichnamigen Dorfplatz und ein Schachmuseum mit Jubiläumsgeschenken an den 1864 gegründeten Ströbecker Schachverein, einer Liste aller Schachgroßmeister, die in den letzten Jahrzehnten in der Vorharzgemeinde Simultanschach spielten, und Schachfiguren von Grönland bis China. Größte Kostbarkeit ist das Kurfürstenbrett, das das Dorf 1651 nach dem Ende des Dreißigjährigen Krieges vom Großen Kurfürsten erhielt. Seit 1688 spielen die Bewohner zu Festen „Lebendschach“ auf dem gepflasterten Brett in der Dorfmitte. Ein Ort wird Ströbecks Anspruch, das einzige Schachmuseum Deutschlands zu haben, bestreiten: auch Löberitz liegt natürlich in Sachsen-Anhalt, indes im Süden. Das Schachmuseum Löberitz aber wurde erst 2007 eröffnet und ist bestenfalls vier Stunden wöchentlich geöffnet. Hier gibt es Wimpel und Übungsleiter-Ausweise mit regionalem Bezug zu bewundern aus den 125 Jahren Schachgeschichte des Ortes nahe Zörbig. Immerhin kann Löberitz darauf verweisen, dass dort die erste Bistumsmeisterschaft des Bistums Magdeburg stattfand und ein Ortsbewohner Vizelandesmeister wurde im Schnellschach der Männer.

Anhalt

Eine Wiege der Aufklärung

Im Jahr 2012 feierte Sachsen-Anhalt gleich zwei historische Ereignisse: Vor 1.050 Jahren wurde Otto der Große in Rom zum Kaiser gekrönt und vor 800 Jahren entstand das Fürstentum Anhalt. Beide Jubiläen nutzte das Bundesland, um mit Ausstellungen und Großveranstaltungen die Identität und das Selbstbewusstsein seiner Bürger zu stärken. Das ist notwendig. Den Namen, der das Land an Saale, Unstrut und der Mittelelbe verbindet, gibt es schließlich erst seit gut 30 Jahren und das auch noch zeitlich unterbrochen. Die Zeit des Staates Anhalt zwischen den beiden Weltkriegen und die zwischen 1945 und 1952 als Land Sachsen-Anhalt in der Sowjetischen Besatzungszone und der früheren DDR sind weitgehend vergessen; das historische Territorium Anhalts und das Land Sachsen-Anhalt wurden 1952 größeren DDR-Bezirken zugeschlagen. Seit der deutschen Einheit, seit 1990 gibt es das Land Sachsen-Anhalt wieder. Eine nicht leicht durchschaubare historische Vergangenheit. So kommt es, dass Sachsen-Anhalt bisweilen als schwer definierbares „Bindestrichland" herabgesetzt wurde. Bindestrichländer gibt es fünf. Allerdings: Wo Württemberg ist, weiß beinahe jeder. Auch die Pfalz kennt man schon dank des Weins. Aber Anhalt? Sichtbar wird der Unterschied schon bei der Bevölkerungsgröße. Um die drei Millionen Menschen leben in Württemberg, eineinhalb Millionen in der Pfalz, in Anhalt sind aber nicht einmal 350.000 zu Hause. Das entspricht der Einwohnerzahl einer mittleren deutschen Großstadt.

Unter Zeithistorikern findet Anhalt Werber. Arnulf Baring regte an, das Bundesland statt mit dem Doppelnamen einfach Anhalt zu nennen nach den Herzogtümern Anhalt-Dessau, Anhalt-Köthen und Anhalt-Zerbst. Das entspricht dem späteren Freistaat, dessen Eigenständigkeit 1934 endete. Und Christoph Stölzl verwies auf eine Überfülle historischer Leistungen und Traditionen Anhalts: Es sei als Musterland der Aufklärung eine Schatzkammer, ein verdichtetes exemplarisches Europa im Kleinen, das viele Nonkonformisten angezogen habe. Geistesgrößen empfanden das Musterländle Anhalt-Dessau Ende des achtzehnten, Anfang des neunzehnten Jahrhunderts als Wallfahrtsstätte.

Wie kaum ein anderes Gebiet war (Sachsen-)Anhalt Ausgangspunkt für vieles – selbst für Langhaardackel. Die Mark Brandenburg wurde vom Askanier Albrecht dem Bären gegründet. Die Askanier, die heute mit Eduard Prinz von Anhalt den letzten in dynastischem Sinne legitimen männlichen Namensträger haben, hatten im hohen und späten Mittelalter die deutsche Besiedlung nach Osten vorangetrieben und Berlin gegründet.

Die bekannteste Askanierin wurde eine Zerbster Prinzessin, die als Zarin Katharina die Große Russland 34 Jahre lang beherrschte und prägte. Ebenso prägend waren Auswirkungen in der Architektur mit dem Bauhaus in Dessau; in der Landschaftsgestaltung mit dem Gartenreich Dessau-Wörlitz; in der Religionsgeschichte als Stätten der Toleranz; und in der Musik – Johann Sebastian Bach komponierte in Köthen in seinen „glücklichsten Jahren“ die Brandenburgischen Konzerte. Doch auch in der Industrie- und Verkehrsgeschichte. Das Gebiet um Dessau und Halle herum war, als Zentrum der Chemie und des Flugzeugbaus, als verdichtete Industrieregion mindestens ebenso gewichtig wie das Ruhrgebiet. Zwischen 1840 und 1870 hatte das kleine Anhalt das dichteste Eisenbahnnetz Europas, und zwischen Dessau und Roßlau verlief die erste elektrische Straßenbahnstrecke Deutschlands. Vom Glanz ist nicht mehr

viel übrig und außerhalb der Region von dem Wissen darob auch nicht.

Zur vermeintlichen oder wirklichen Hintansetzung trug bei, dass das ohnehin kleine Anhalt sich durch dynastische Erbteilungen weiter zersplitterte in viele Residenzstädte. Es gab Fürstentümer Anhalt-Dessau, Aschersleben, Bernburg, Köthen, Zerbst, selbst Anhalt-Plötzkau. Jetzt ist Plötzkau mit knapp 1.400 Bewohnern Teil einer Verbandsgemeinde. Zerbst dagegen hat immerhin 24.000 Bewohner und ist die nach der Fläche fünftgrößte Kommune Deutschlands. Wer aber europäische Geschichte betrachtet, wird überall auf Spuren der Anhalter stoßen – selbst in Berlin zeugt der Anhalter Bahnhof nahe dem Potsdamer Platz von einstiger Größe. Russland wurde zur Weltmacht dank Katharina der Großen – vor ihrer Heirat mit dem Zarensohn hieß sie Sophie Auguste Friederike Prinzessin von Anhalt-Zerbst-Dornburg.

Markgraf Albrecht der Bär eroberte von seiner Anhalter Burg im Städtchen Ballenstedt aus Brandenburg; er ist an diesem Stammsitz der Askanierfürsten beigesetzt. Aus Albrecht von Ballenstedt wurde 1157 Albrecht von Brandenburg, der so sein Land in das Heilige Römische Reich führte – sein Enkel gab Berlin zu Ehren seines Großvaters den Bären als Stadtwappen. Einige Jahrhunderte später sorgte Leopold Fürst von Anhalt-Dessau, der „Alte Dessauer", als Feldmarschall dafür, dass die preußische Armee von 1715 an schlagkräftig wurde; und mit Landreformen beendete er in Anhalt früher als in anderen deutschen Landen mittelalterliche Strukturen wie Dreifelderwirtschaft und Lehnswesen. Sein Enkel Leopold III. (Fürst Franz), der Begründer des Gartenreichs in Wörlitz, machte Dessau mit seinen sozialpolitischen Reformen zu einem der modernsten Kleinstaaten Deutschlands – bis in das neunzehnte Jahrhundert hinein sprach man vom „gebildeten Dessauer". Er ließ Arme kostenlos behandeln, schrieb Impfzwang vor und Rezeptpflicht für Betäubungsmittel, schuf Bettelei ab. Rauchen auf der Straße wurde verboten – wer jemanden mit rauchender Pfeife traf,

durfte sie ihm aus dem Mund schlagen. „Vater Franz“ war allen Kirchen und Ausländern gegenüber sehr offen. Juden genossen in Anhalt weit mehr Freiheiten als in Preußen. So erschien die erste jüdische deutschsprachige Zeitschrift „Sulamith“ in Dessau. Leopold III. Friedrich Franz Fürst und später Herzog von Anhalt-Dessau lehnte Prunk ab und legte Wert auf ausgeglichene Staatsfinanzen. So wollten Politiker in Magdeburg und Halle bei der Namensgebung Sachsen-Anhalt nicht auf den Namenszusatz verzichten, obwohl Anhalt nur ein schmaler Gebietsstreifen war innerhalb der ehemaligen Provinz Sachsen, die den Kern des Bundeslandes trägt. Aber nur Anhalt? Soweit geht man heute dann doch nicht.

Im Februar 962 hatte der sächsische Herrscher Otto mit seiner Krönung in Rom an die Tradition des römischen Kaisertums geknüpft. Das Kaiser-Otto-Jahr wurde auch außerhalb der Landesgrenzen wahrgenommen – die Gründung des Heiligen Römischen Reiches Deutscher Nation wirkte sich auf die deutsche und die europäische Geschichte aus. Da ging die Anhalt-Feier ein wenig unter, obwohl die Askanier die europäische Geschichte ebenso bewegt hatten. Und schon weit vor ihnen so manches von dort ausging: Bei Grabungen in einem Kalkstein-Tagebau bei Bernburg fanden Archäologen und Paläontologen den Fußabdruck eines Dinosauriers aus dem frühen Trias, der 243 Millionen Jahre alt sein dürfte – und damit der „älteste Dinosaurier aller Zeiten“. Bis zum Fund hatte man geglaubt, der Dinosaurier habe sich „erst“ vor 235 Millionen Jahren von anderen Archosauriern abgespalten.

Die mangelhafte Beachtung Sachsen-Anhalts versucht Ministerpräsident Reiner Haseloff zu ändern mit seiner Zuwendung zu Anhalt. Auch so wollte er sich aus dem Schatten seines Vorgängers Wolfgang Böhmer lösen, der Anhalt als historische Einheit weniger beachtet hatte und solche Feiern als Regionalthema empfand. Der geschichtsaffine Haseloff tauchte überall auf und warb, band auch Eduard Prinz von Anhalt in die

Feiern und die Geschichtspflege ein, genoss wohl auch den versteckten Schlenker, dass Wettin als Stammsitz der sächsischen Kurfürsten in Sachsen-Anhalt liegt.

Vom Anhalt-Jahr wird manches bleiben – die Landesregierung unterstützt die Renovierung der Schlösser in Ballenstedt, Bernburg, Coswig, Dessau-Roßlau, Harzgerode und Oranienbaum. Auf der Burgruine Anhalt im Harz wurde ein „historischer Gedenkort" eingeweiht. Die Gründung einer „Anhaltischen Landschaft" (für die Region heißt das Adjektiv anhaltisch, das bisweilen falsch benutzte Wort anhaltinisch gilt nur für die Fürstenfamilie) hielt sich an Ideen aus dem Fürstentum Schaumburg-Lippe, mit dem es manche Gemeinsamkeiten gab. Derzeit bezieht sich nur eine Institution auf die alten Landesgrenzen zwischen dem Harz und dem Fläming – die Evangelische Landeskirche Anhalts ist mit 40.000 Gläubigen die kleinste Landeskirche der EKD.

Indes ohne einstige Exklaven Anhalts – das friesische Jeverland, das ukrainische Askania-Nova am Schwarzen Meer, das schlesische Pleß. Denn einst war Anhalt weithin präsent. Im letzten Winkel der Ukraine wurde im Sommer 2012 zur Gründung Anhalts 800 Jahre zuvor ein Gedenkstein errichtet mit der ukrainischen Aufschrift auf einem Findling „Ferdinand von Anhalt-Köthen, der Gründer von Askania Nova". Damals reichten die Weideflächen in Anhalt nicht mehr für die herzogliche Viehzucht. Und nahebei steht ein 1829 erbautes Schulhaus als ältestes erhaltenes Gebäude Neu-Askaniens: die originalgetreue Kopie einer Dorfschule in Baasdorf bei Köthen – es soll ein internationales ökologisches Jugendlager werden.

Köthen – Karneval und Homöopathie

Für einen Ort mit noch nicht einmal 30.000 Einwohnern hat Köthen (Anhalt) so manches aufzuweisen. Der Ort ist erfin-

dungsreich – als Heimat der Homöopathie etwa oder als Karnevalshochburg. In der Kreisstadt sitzt die größte unter etwa 200 Karnevalsgesellschaften der neuen Bundesländer, die sich schon in den Fünfzigern mit den Machthabern anlegte – ihr Schlachtruf „Ku-Ka-Kö" (Kuh-Kaff-Köthen) wurde legendär. Hier komponierte Johann Sebastian Bach als Leiter der Hofkapelle seine Brandenburgischen Konzerte und sein Wohltemperiertes Klavier und brachte sie im Schloss zur Uraufführung.

Sprachbewusste kennen Köthen als Ort der ersten deutschen Akademie der frühen Neuzeit. Der älteste deutsche Sprachverein – im barocken siebzehnten Jahrhundert wollte man unter Gelehrten und Dichtern Deutsch gegenüber Latein stärken – erneuerte sich als „Neue Fruchtbringende Gesellschaft". Ihr Ziel, das Bewusstsein für die Ausdrucksfähigkeit vor allem unter Jungen zu schärfen, betreibt sie mit einem Schülerwettbewerb, einem Köthener Sprachtag und einem dreitägigen Volksfest der deutschen Sprache um das Fürstenschloss herum. Selbst das Unwort des Jahres wurde schon statt wie üblich in Frankfurt im Köthener „Haus der deutschen Sprache" verkündet. In Köthen, seit den Tagen der Fürstlichen Druckerei mit dem Druckhaus Köthen noch immer eine Druckerstadt, entstand der erste deutsche Schulbuchverlag.

Breitere Aufmerksamkeit fand das Vorhaben einer „Straße der deutschen Sprache". Sie soll in Sachsen-Anhalt, Thüringen und Sachsen durch 25 sprachgeschichtlich bedeutsame Städte führen. Mitteldeutschland prägte das Standarddeutsch: Martin Luther stützte sich mit seiner Bibelübersetzung auf die Meißner Kanzleisprache. In Schleiz zeichnete Konrad Duden die vereinheitlichte Rechtschreibung auf. Auf der Burg Falkenstein schrieb Eike von Repgow mit dem Sachsenspiegel das erste deutsche Rechtsbuch, in der Merseburger Dombibliothek liegen mit den Merseburger Zaubersprüchen die ältesten althochdeutschen Sprüche nichtchristlichen Inhalts.

Wenn die „Fruchtbringenden" bei kulturbewussten Reisenden der Märchenstraße oder der Straße der Romanik Konkur-

renz bieten, stützen sie sich nicht nur auf Geschichte. Einer der im Ausland berühmtesten Deutschen – Horst Tappert als Kommissar Derrick – trat in seiner Jugend auf der Bühne in Köthen auf. Beim Festival der Deutschen Sprache in Bad Lauchstädt lesen stets klassische Bühnendarsteller von Rang. Die Kammersängerin Edda Moser forderte dort, Eltern und Großeltern müssten Kindern wieder Balladen von Goethe vorlesen.

Medizinhistorisch Interessierten wiederum ist Köthen vertraut als Ort der Homöopathie. Nach dem von Samuel Hahnemann begründeten Heilverfahren werden Erkrankten nur solche Medikamente in niedriger Dosis verabreicht, die in höheren Dosen ein ähnliches Krankheitsbild hervorrufen: eine Alternative zur Schulmedizin. Zu Hahnemanns Patienten zählte der Herzog von Anhalt-Köthen. Das Gebäude des 1855 gegründeten Krankenhauses, der ersten homöopathischen Klinik Deutschlands, ist ebenso erhalten wie das Wohnhaus Hahnemanns. Bestärkt wurde die Rolle mit der Eröffnung der Europäischen Bibliothek für Homöopathie. Ihr Grundstock kam auf einem Binnenschiff aus Hamburg, verpackt in wasserdichten Kisten, und dann mit einem Transporter: 2.000 historische Bände. Unter ihnen waren medizinische Fachbücher des siebzehnten Jahrhunderts und die Erstausgabe der Allgemeinen Homöopathischen Zeitschrift von 1832 – also der Zeit, da Hahnemann in Köthen lebte. Die Sammlung, untergebracht in einem sanierten ehemaligen Spitalgebäude eines Klosters, dient auch jenen Studenten, die in Magdeburg einen Master der Homöopathie anstreben.

Zerbst – Heimkehr der Zarin

Mitteldeutschland will seine Monarchen wiederhaben, zumindest als Standbilder. Die Preußenkönigin Luise steht wieder in Marmor in Magdeburg, mehr als vierzig Jahre, nachdem ihre Statue aus ideologischen Gründen zu DDR-Zeiten geschleift

wurde. Während die Magdeburger für ihre Spendensammlung nur fünf Jahre brauchten, benötigte ein Förderverein in Zerbst siebzehn Jahre, bis sie Förderer fand für ein Denkmal der größten Tochter der Stadt, der am 2. Mai 1729 geborenen Prinzessin Sophie Auguste Friederike von Anhalt-Zerbst. Die rotgoldene Bronze wurde auf der Zerbster Schlossfreiheit enthüllt, dort wo zuvor ein Parkautomat stand – fast genau 247 Jahre nachdem sie als Katharina die Große den russischen Zarenthron bestieg.

Sechzehn Jahre zuvor gab es schon einmal ein gussfertiges Modell, angeregt von der russischen Adelsvereinigung und einem Denkmalfabrikanten als Symbol deutsch-russischer Vergangenheit. Damals waren die Einladungskarten fast schon gedruckt, das Geld aber fehlte. Wie damals lobte die russische Regierung auch bei der Neuauflage das Vorhaben, das in russischen Zeitungen auf Widerhall stieß. Ein Internationaler Förderverein organisiert einen Schüleraustausch zwischen der Kleinstadt in Sachsen-Anhalt und Puschkin bei Sankt Petersburg ebenso wie Internationale Katharina-Tage in Zerbst. Mit der Statue wollte die Residenzstadt, die im April 1945 durch Bomben fast vollständig zerstört wurde, an eine große Vergangenheit erinnern. Nun aber, wenn sie wieder mal Anlass fand zu Jubiläen und Feiern, läuteten die Kirchenglocken in Zerbst nicht vier Wochen lang wie bei ihrem Tod 1796.

Aschersleben – Guggenheim in der Provinz

Aschersleben hat gleich dreimal Glück gehabt. Fast zeitgleich fanden die Landesgartenschau statt und die Internationale Bauausstellung, beide in der Innenstadt – begleitet von Fördergeldern und starkem Interesse von Besuchern. Der Ort im Herzen des alten Anhalt – die Askanier entlehnten ihren Namen von diesem Stammsitz, dem latinisierten Burgnamen Ascharia – scheint aufbruchwillig, nicht zum Wehleid neigend. Ein „großer Sohn“ wurde vom Aufbruchwillen angesteckt,

der dort nach dem frühen Tod der Eltern bei den Großeltern aufwuchs. Dabei neigt Neo Rauch, einer der höchstbezahlten Künstler der Gegenwart, nicht zu Nostalgie oder Provinz. Als er aber, angelockt von den Ausstellungen und von einer Bekannten aus Jugendzeiten, kam und sogar seine alte Kunsterzieherin vorfand, entschloss er sich zu einer Geste, die einen Hauch von Welt brachte, ein „Guggenheim in der Provinz", wie der Wahlkreisabgeordnete Detlef Gürth – zudem Landtagspräsident Sachsen-Anhalts – sagt. Der Leipziger Künstler, dessen Monumentalbilder auch mal sechsstellige Beträge bringen, stiftete seinen gesamten, auch künftigen grafischen Nachlass der Stadt, bisher gut sechzig Blätter, und wollte so auch zeigen, dass es Leben jenseits mit Kultur überfütterter Metropolen gibt. Er schuf sogar neue Grafiken, deren Verkaufserlös zur Grundlage des Stiftungskapitals wurde der „Grafikstiftung Neo Rauch". Das Museum – Rauch nennt es nach dem New Yorker Museum „Mini-MoMa" – steht nahe dem Bahnhof in einer alten Kartonagefabrik, die lichtdurchflutet zum Bildungszentrum umgebaut wurde; es lenkt das Augenmerk der Kunstwelt auf die 1.260 Jahre alte Kleinstadt im Salzlandkreis.

Der Wille, moderne Kunst als neues Markenzeichen zu setzen, folgt mutigen Entscheidungen der Stadt kurz nach der Wende und dem Zusammenbruch fast der gesamten Industrie – etwa, neue Außenbezirke abzureißen und sich beim notwendigen Schrumpfprozess auf den Altstadtkern zu konzentrieren; hohen Wert zu legen auf Bildung und Bürgereinsatz. Alle Kindergärten wurden privatisiert und sind in freier Trägerschaft. Bürgerschaftliches Engagement führte zu einer ungewöhnlichen Dichte von Kultur. Dazu kam mancherlei mehr: eine der wenigen erhaltenen Stadtbefestigungsanlagen aus dem Mittelalter; das jährliche Bundeskabarettfestival samt Kleinkunstpreis der Stadt; Besonderheiten von der Sprachgrenze zwischen Ostfälischem zum Thüringischen bis zur einstigen Doppelstruktur der Stadtherrscher zwischen Bischöfen und Grafen; und das günstige Klima im Regenschatten des Harzes, das Aschersleben

zum Zentrum des Majorananbaus machte. Und nun kam Neo Rauch mit seiner Dauerausstellung, gleichsam, sagen Kommunalpolitiker, als Lottogewinn.

Nachterstedt – rutschende Böschungen

Lange galt die künstliche Seenlandschaft im Osten Deutschlands als ein Zeichen des Aufbruchs: Wo einst Braunkohle die Region wirtschaftlich bereicherte, ansonsten aber belastete, laden nun Badeseen ein. Ein erster Schock kam mit dem Erdrutsch von Nachterstedt im Juli 2009, der drei Menschen das Leben kostete und einen Ortsteil zerstörte. Über das Unglück am Concordiasee gab es zunächst mancherlei Theorien und die Botschaft, das sei wohl ein Einzelfall. Dann kamen weitere Rückschläge, die die mitteldeutschen Bundesländer viele Hundert Millionen Euro kosten und Anwohner beunruhigen dürften seit Hinweisen auf Nachlässigkeiten gegenüber Warnungen und auf menschliches Versagen. Neun Monate später gab es einen weiteren Erdrutsch im alten Kalibergbaugebiet, in einer alten Mülldeponie nahe Bernburg – dort entstand ein 40 Meter tiefer Krater. Schäden aber gab es diesmal nicht, das war ein unbewohntes Gebiet.

Ein Bergbaufachmann untersuchte das Unglück im Salzlandkreis und befand nach gut einem Jahr Arbeit, an fast allen Restlöchern des Braunkohleabbaus bestehe Gefahr. Der Erdrutsch war von einem kleinen Erdbeben ausgelöst worden, wie die Lausitzer und Mitteldeutsche Bergbau-Verwaltungsgesellschaft glaubt. Als Folge mussten alle Böschungskippen an Tagebau-Restlöchern in Brandenburg, Sachsen, Thüringen und Sachsen-Anhalt – alleine dort etwa 150 – auf ihre Standfestigkeit untersucht werden.

Eine halbwegs sichere Einschätzung zur Ursache in Nachterstedt kam erst 2013 nach zahllosen Bohrungen und Sedimentproben. Hauptgrund für das Unglück war ein enormer

Grundwasserdruck. Beim Berechnen der Standsicherheit von Abraumkippen und Böschungen waren der Aufbau grundwasserführender Schichten nicht genügend bekannt und Stollen des Altbergbaus nicht hinreichend beachtet worden. Diese spülen weiterhin Wasser in Richtung des Sees. Zum Unglück trugen ein starker Grundwasserzustrom und aufsteigender Seewasserspiegel bei; die Böschung wurde durchnässt. Neue Sondierungsbohrungen und mögliche Baustopps schienen so ratsam. Fast überall, wo es Abbau von Braunkohle im offenen Tagebau gab, wurde die Kohle zuvor bis 1870 im Tiefbau abgebaut, zudem Kalisalz oder Kupfererz. Erst als man dank neuer Technik große Massen bewegen konnte, stieg man zum Tagebau um. Erschwert werden die Untersuchungen durch den langen Zeitraum des Bergbaus, der im Jahr 1856 begann. Grubenbilder und Karten gingen in den Kriegen verloren.

Dessau

Oranienbaum – ein kleines Stück Holland

Den Status eines Weltkulturerbes hat Anhalts Hauptstadt Dessau gleich im Doppelpack mit dem Dessau-Wörlitzer Gartenreich und mit dem Bauhaus – als einziger Wahlkreis der Welt, behauptet Ministerpräsident Haseloff. Der Wörlitzer Park mit dem Englischen Garten als gartenkünstlerischem Höhepunkt war der erste Landschaftspark auf dem europäischen Festland mit einem wohldurchdachten System von Sichtbeziehungen, Wegen und Kanälen. Er wurde zum Vorbild für die Berlin-Potsdamer Parklandschaft. Das Wörlitzer Schloss, entworfen 1769 von Friedrich Wilhelm von Erdmannsdorff nach dem Vorbild englischer Landhäuser, begründete in der Architektur den deutschen Klassizismus. Im ebenfalls klassizistischen Erdmannsdorff-Schloss Luisium wurde der Festsaal ausgemalt im Sinne eines „Tempels weiblicher Tugenden" von der „Reinheit der Seele" bis zur „Bezähmung der Begierde". Goethe verglich den Landschaftsgarten mit den „elysischen Feldern" und sagte, die Götter hätten dem Fürsten erlaubt, einen Traum um sich herum zu schaffen. Zierliche Bauten ziehen Besucher an. Gefährdet sind Bauten und der Park nicht zuletzt durch die nahe Elbe. Deshalb taten Bund und Land einiges dafür, sie vor Hochwasser zu schützen. Beim Hochwasser der Elbe im August 2002 waren Pavillons im Wörlitzer Park, Pantheon und Monument, stark beschädigt worden; es kostete Millionen, sie zu restaurieren.

Eines der Schlösser im ausgedehnten Gartenreich kann darauf verweisen, seit der Jahrtausendwende zwei königliche Be-

suche empfangen zu haben, das barocke Oranienbaum. Nicht allein deshalb aber fand im Sommer 2012 der Galaabend just in Oranienbaum statt, mit dem Politiker, Unternehmer und Künstler 800 Jahre Anhalt feierten. Dort ist ein Ledertapetensaal, den die Kulturstiftung Dessau-Wörlitz für „europaweit einzigartig" hält – auch in den Niederlanden hat sich ein vergleichbarer Raum mit Goldledertapeten vom Ende des 17. Jahrhunderts nicht erhalten. Oranienbaum war bis 2003 sechzig Jahre lang unzugänglich. Die Restaurierung des nördlichen Schlossflügels mit dem von 1683 an erbauten Ledertapetensaal voller höfischer Jagdszenen währte sechs Jahre; allein die Beschaffung des natürlich gegerbten Ziegen- und Kalbsleders dauerte ein Jahr.

Bauherrin war einst die selbstbewusste Henriette Catharina, Tochter des Statthalters von Oranien-Nassau. Als sie 1659 den Fürsten Johann Georg II. von Anhalt-Dessau heiratete, brachte sie vor zehn Generationen niederländische Traditionen, auch Pracht nach Anhalt und wichtige Anregungen für Wirtschaft und Kultur. Hier hatte sie mit dem Bau einer Glashütte, einer Leineweberei und eines Brauhauses ihre Zugewandtheit zum praktischen Leben gezeigt, ebenso mit der Anlage von Spezialkulturen von Anis, Safran und Waid bis zum Tabak. Die Parkanlage, die sie sich um ihren Sommersitz herum erbauen ließ, hat eine der längsten Orangerien Europas; ihre Pomeranzen (Bitterorangen) werden bis heute umgesetzt zu Marmeladen, Gewürzen, Magenbitterlikören. Die Fürstin fühlte sich schon, wie spätere andere Angehörige der Fürstenfamilie, dem Grundsatz des Gartenreichs verbunden: das Schöne mit dem Nützlichen zu verbinden.

Oranienbaum besitzt zudem eine Galerie von chinesischem Porzellan und Delfter Fayencen, ebenfalls in dieser Form am Haager Hof nicht mehr erhalten. So ist die Bindung der Niederlande und ihres Königshauses an das „kleine Stück Holland in Sachsen-Anhalt" naheliegend. Königin Beatrix war gleich zweimal dort an der Ferienstraße „Oranier-Route". Im Jahr 2004 hatten ihr mehr als 2.000 Menschen auf dem Marktplatz

neben dem schmiedeeisernen Orangenbäumchen, dem Symbol der Oranier, zugejubelt. Sie kam im Sommer 2012 wieder, als sie mit dem Bundespräsidenten dort eine Ausstellung von Kunsthandwerk und modernem Design aus den Niederlanden eröffnete. Beim Rundgang durch 41 Räume des dreiflügligen Schlosses stieß die Königin inmitten von delftblauen Fliesenwänden nicht nur auf moderne Lampen, Mode und Schmuck von 160 niederländischen Formgebern, sondern auch auf ihr Vertrautes. Darunter war die Wiege, in der ihre Mutter dereinst gelegen hatte. Das königliche Hausarchiv in Den Haag bot weitere Leihgaben wie Diademe und bereitete als nächste Leihgabe die königliche Fächersammlung vor, die in ihrer Vielfalt wohl kostbarste dieser Art.

Kurz vor ihrem Besuch gingen durch eine Einigung mit den Eigentümern, dem Fürstenhaus Anhalt, elf Gemälde in das Eigentum des Landes und als Leihgaben an die Kulturstiftung Dessau-Wörlitz über. Unter ihnen sind zwei Porträts von Johann Georg, dessen Heirat mit der Oranierin Aufschwung brachte in das vom Dreißigjährigen Krieg verarmte Anhalt, und eines von deren einzigem Sohn Leopold. Leopold, schon zu Lebzeiten eine Legende, diente als herausragender Militär der Barockzeit drei preußischen Königen als Generalfeldmarschall und formte die Schlagkraft der preußischen Armee. Wie seine Mutter war er willensstark: Er heiratete eine Dessauer Apothekerstochter. Einige aus Russland zurückgebrachte Gemälde fanden ihren Platz in Oranienbaum, einem der frühesten Beispiele eines sich vom Festungscharakter lösenden Schlossbaus.

Eine Stadt wehrt sich

Dessau litt mehrfach: durch die Zerstörung von vier Fünfteln der Stadt durch Bomben im März 1945; durch die lustlose Leitung des Bauhauses unter einem früheren Direktor; durch die schlechte Verkehrsanbindung. Wer von Berlin aus mit der

Bahn in das nahe Dessau möchte, muss meist in Wittenberg oder Bitterfeld umsteigen, und von Halle aus in Köthen – dabei war Dessau einst Eisenbahnknotenpunkt. Gefallen lassen wollte sich das Dessau-Roßlau nicht. So heißt die Stadt nach einer Kommunalneugliederung. Der Stadtrat will sie wieder umbenennen – nun zur „Bauhausstadt Dessau". Die Bewohner fühlten sich innerhalb von Sachsen-Anhalt vernachlässigt. Aufmerksamkeit der Politiker und Gelder konzentrierten sich auf die beiden Metropolen Magdeburg und Halle. So klagte die Kommune erfolgreich vor dem Landesverfassungsgericht wegen der Benachteiligung beim Finanzausgleich. Lange Wege hatte sie bei der mündlichen Verhandlung zur angefochtenen Regelung der „Einwohnerveredelung" im Sommer 2012 nicht – das Gericht hat seinen Sitz in Dessau.

Selbstzweifel gingen so weit, dass es Jahre währte, bis Reisende – wie nun auf dem Bahnsteig – auf die Bauhaustradition verwiesen werden mit einem Willkommensschild in der „Bauhausstadt". Die nationalsozialistischen Machthaber hatten schließlich das Bauhaus, die Ikone modernen Bauens, 1932 aus Dessau vertrieben. So trieb sie auch mit ihrem Ungeist den Komponisten Kurt Weill in die Emigration nach Amerika. Dessen Musik, neben der Dreigroschenoper auch viele weniger bekannte Werke, zieht alljährlich Musikliebhaber aus aller Welt zum Kurt-Weill-Fest nach Dessau. Dass Weil als Sohn eines jüdischen Kantors in Dessau geboren wurde, war nicht Zufall – hier wurde die erste jüdische deutschsprachige Zeitschrift gegründet, und hier wurde der Philosoph Moses Mendelssohn im jüdischen Viertel Dessaus geboren. Nach ihm wurde in Dessau eine Stiftung und eine Gesellschaft zur Förderung der deutsch-jüdischen Kultur benannt.

In einer Stadtkampagne versuchten das Bauhaus, das Anhaltische Theater, die Landeskirche (sie orientiert sich in ihrer Zusammensetzung an den alten Grenzen des Herzogtums), die Hochschule Anhalt, die Kommune gemeinsam, Bild und Selbstbewusstsein zu ändern. Für Alteingesessene mag da ein

Wermutstropfen sein: Die Träger dieser Bemühungen um ein spielerisches, auch freches Auftreten kommen fast alle als Zugereiste aus dem Westen. Einher geht damit das „Farbfest" des Bauhauses, das viele Abgewanderte zur Heimkehr für ein Wochenende bewegt.

Zum Farbfest vermochten die Doppelstadt und die Stiftung Bauhaus sogar ein mysteriöses grünes Flugschiff nach Dessau zu holen – anschließend entschwand es wieder in die Weite des Alls. Erstmals kam die französische Künstlergruppe „La Machine" zu einer Premiere in eine Nicht-Metropole: Wenige Monate zuvor hatte sie mit Riesenmarionetten anderthalb Millionen Zuschauer in Berlin verzückt. Die gewaltige Luftschiffkonstruktion in Dessau war grün geprägt gemäß der Vorgabe des Farbfestes, das über mehr als ein Jahrzehnt hinweg Farbe in eine vermeintlich von Grau gezeichnete Welt bringen wollte: wie fast ein Jahrhundert davor das Bauhaus, das Dessau zu einer Zentrale und Ikone der Moderne machte. Dabei ging es den Veranstaltern nicht nur um ein Volksfest oder nur um Spektakuläres: Sie wollten zeigen, dass es in einem Land und einer Stadt, in der die Abwanderungsrate groß ist, Aufbruch geben kann und Beispielhaftes. „La Machine" arbeiten in Nantes – wie Dessau ein Ort, der einst eine große Industrietradition hatte. Beide Städte haben etwas gemein: Sie setzen nach dem Niedergang ihrer wichtigsten Industrie – in Nantes die Werften, in Dessau die Junkers-Werke der Flugzeugbranche – auf Kultur. Und sie fanden einander, wollten sich nicht erdrücken lassen, stattdessen mit Fantasie und Technik abheben und fliegen wie vor knapp hundert Jahren der Flugpionier Hugo Junkers.

Die Stadt zeigte sich in diesem Werben um überregionale Aufmerksamkeit bereit zu einer Auffrischung von außen. Die Aufbruchstimmung folgte dem zuvor schwerfälligen Vorgehen einer Kommune mit knapp 90.000 Bewohnern. Sie hatte sich nach einer ersten Welle des Aufbruchs und der Initiativen kurz nach der Wende lange mit einer Mängelverwaltung begnügt – Heimatverbundene sagen, der Beginn der Stagnation in Des-

sau habe mit dem Antritt der Minderheitsregierung Reinhard Höppners und seinem „Magdeburger Modell“ 1994 begonnen. Jede Kulturstätte schien eigenbrötlerisch vorzugehen. Gerettet ist die Stadt, Sitz des Umweltbundesamts mit 900 Mitarbeitern, aber nicht. Man kann länger durch die Straßen schlendern, ohne jemanden zu sehen. Leerstand gibt es allerorten. Wer kann, pendelt nach Berlin oder Halle, heißt es immer wieder. Auch die um die tausend Studenten sind nicht wirklich im Ort spürbar – viele kommen aus dem Umland und fahren nach den Vorlesungen aufs Land. Trotz vieler Blaupausen geschah in den Jahren nach der Wende wenig, dem Verfall entgegenzuwirken. Wie Chemnitz beginnt aber Dessau einen Neustart auch dank der Kultur. Der Enkel des Flugzeugbauers Hugo Junkers übergab unlängst das Archiv der Firma dem Stadtarchiv und dem Technikmuseum – achtzig Jahre, nachdem die JU 52, die legendäre Tante JU als erstes Ganzmetallflugzeug der Welt, ihren Jungfernflug über Dessau drehte: ein Symbol für ein neues Abheben der Stadt, die sich abgehängt fühlt?

Nicht alles in Dessaus Geschichte war so von Harmonie geprägt. In den 1930ern war die „Gauhauptstadt“ ein früher Ausgangspunkt der Machtergreifung. Nach der Landtagswahl 1932 kam in Anhalt der erste nationalsozialistische Ministerpräsident an die Macht, ein Großteil der NSDAP-Abgeordneten wurde in Dessau gewählt. Daher wenden sich immer wieder Bürger und Kommune ihrer Vergangenheit zu, der Einsicht, dass sie nicht nur Opfer waren alliierter Bomben, die mehr als 80 Prozent der Stadt zerstörten, darunter die gesamte Altstadt, sondern auch Nachkommen der Täter.

Alljährlich zieht es die NPD nach Dessau. Sie will gegen die Zerstörung der Altstadt am 7. März 1945 protestieren und hat unter dem Mantel des Opfermythos Demonstrationen auf Jahre hinweg angemeldet. Jedes Jahr wehrt sich ein breites Netzwerk von Bürgern, Kirchen, Parteien und Verbänden. Unter den Gegendemonstranten sind regelmäßig der Oberbürgermeister, der Innenminister und der Intendant des Kurt-Weill-Fests. Dann

erinnert auch mal der Oberbürgermeister daran, dass in Dessau der Rüstungsbetrieb Junkers Militärflugzeuge für die Wehrmacht herstellte und hier das Giftgas Zyklon produziert wurde, mit dem Juden in Konzentrationslagern vergast wurden.

In Dessau häufen sich fremdenfeindliche Vorfälle, auch die beiden, die das Bild Sachsen-Anhalts schädigten und das weiterhin tun: der Feuertod des Asylbewerbers Oury Jalloh aus Sierra Leone, der acht Jahre lang die Gerichte beschäftigte; und die Tötung des Mosambikaners Alberto Adriano im Jahr 2000 durch betrunkene Rechtsextremisten, zu dessen Gedenken Dessauer weiterhin alljährlich zusammenkommen.

Bauhaus – Symbol modernen Bauens

Vor gut achtzig Jahren wurde Dessau Wiege, Symbol und Mythos des modernen Bauens mit der Gründung des Bauhauses Dessau. Lange, in den Jahren des Nationalsozialismus wie auch der DDR, schlummerte das. Seit einigen Jahren entdeckt Dessau die einstige Farbigkeit der Gebäude wieder, plant trotz Widerständen und fehlendem Geld ein Besucherzentrum und eine Dauerausstellung; und litt darunter, dass in der öffentlichen Wahrnehmung und beim Geldverteilen Weimar, in dem das Bauhaus nur wenige Jahre stand, ihm den Rang abläuft bei der Suche nach dem wahren Erben. Die Klassik Stiftung Weimar ging im Kampf um die Deutungshoheit unter ihrem Präsidenten Hellmut Seemann zeitweise geschickter vor als Dessau.

Mit dem Bau des Besucherzentrums wollte der frühere Bauhausdirektor, der Architekt Philipp Oswalt, ermöglichen, dass die Bestände der Stiftung nicht nur wie bisher in New York, Tokio oder Berlin ausgestellt werden, sondern auch am Ort der Sammlung dauerhaft zu sehen sind. Es wird nahe dem von Walter Gropius entworfenen Gebäude für die einstige „Hochschule für Gestaltung“ stehen, mit seinen strengen und dank

der gläsernen Fassade lichten Formen Labor und Inbegriff der Moderne.

Das Bauhaus wollte nicht nur Häuser neu formen, sondern den Lebensalltag der modernen Welt gestalten vom Teelöffel bis zur gesamten Stadt. Mit diesem Satz begann Oswalt den einleitenden Beitrag „Von Dessau in die Welt“ der Zeitschrift „bauhaus“. Sie belebte im Jahr 2011 die gleichnamige Zeitschrift wieder, die zwischen 1926 und 1931 vierteljährlich über Tendenzen der Moderne berichtete und über das Geschehen am Bauhaus.

Die Bauhaus-Direktoren beeinflussten die Wiederbelebung ostdeutscher Städte mit Aufrufen zu mehr Mut, Experimentierfreude und Grün statt Plattenbau. Der Abriss von Plattenbauten am Stadtrand aus den Jahren der DDR reiche nicht, um angemessen auf den drastischen Bevölkerungsschwund in Sachsen-Anhalt zu reagieren, sagte indes Wolfgang Böhmer noch als Ministerpräsident. Sein Bundesland setzt auch auf eine Belebung und einen Umbau der Innenstädte auf dem Lande. Fast ein Jahrzehnt lang setzte das Land auf ein in dieser Art einmaliges Vorhaben, mit dem es sich durch bauplanerische Mittel umzugestalten versuchte. Seit mehr als hundert Jahren verändern sich Städte wie Berlin, Stuttgart, Darmstadt und Hamburg durch eine Internationale Bau-Ausstellung (IBA). Erstmals aber gab es seit 2002 eine IBA in einem ganzen Bundesland, konzentriert auf kleinere und mittlere Städte, nicht auf Metropolen, und erstmals ging es um Schwund, Leerstand und Verfall statt um Verdichtung. Im vergangenen Jahrzehnt war Sachsen-Anhalt damit eine experimentelle Laborstation.

Neunzehn Städte haben sich an dem Projekt beteiligt. Anfangs sperrten sich viele Gemeinderäte; das war neben unzureichenden Mitteln die größte Hürde für die „Internationale Bauausstellung Stadtumbau Sachsen-Anhalt 2010“. Jede Teilnehmerstadt suchte nach einem eigenen Profil und einem Alleinstellungsmerkmal, um aus der Not eine Tugend zu machen.

Bernburg setzte auf Bildungseinrichtungen, Köthen auf seine Geschichte als Wiege der Homöopathie, Halberstadt auf die „Kultivierung der Leere" als gestalterisches Element. Erleichtert wurde die Umgestaltung durch die Struktur des Wohnungseigentums: Da mehr Wohnungen als im Westen im Eigentum von Genossenschaften und Kommunen sind, hatten die Planer beim Abriss und bei Neugestaltungen weniger Ansprechpartner, was Entscheidungsabläufe erleichterte.

Das Konzept fand Nachahmer im Ausland. Städteplaner aus Nordeuropa, den Niederlanden, Japan und Polen haben die Erfahrungen in Sachsen-Anhalt beobachtet. Südschweden, das ähnliche Probleme des Bevölkerungsschwunds wie Mitteldeutschland erfährt, und auch das niederländische Südlimburg wollten dem Modell folgen. Zu den Erfolgen zählte das Ministerium für Landesentwicklung in Magdeburg eine ungewöhnlich starke Beteiligung der Bevölkerung an den Umgestaltungsplänen. Freilich hätte die Wirkung noch stärker sein können, wären die Finanzmittel – 200 Millionen Euro über acht Jahre hinweg, also ein Bruchteil der Beträge, die die IBA in Berlin und im Ruhrgebiet zur Verfügung hatten – erhöht worden. Sie kamen vom Stadtumbau Ost des Bundes, vom Land und von den Kommunen, von der EU und privaten Investoren.

Wittenberg

Luther ändert seine Farbe

Zu Luthers Zeiten war Wittenberg die meistbesuchte Universität Deutschlands und die wichtigste deutsche Verlagsstadt. Ein Kulturwissenschaftler nannte sie bei den jährlichen von der Staatskanzlei angebotenen „Wittenberger Gesprächen“ die „Welthauptstadt der Kreativität“ im sechzehnten Jahrhundert. Von diesem Glanz zehrt sie nicht schlecht. Überall werden Straßenpflaster und Fassaden erneuert. Selbst das Nachtleben kann sich messen mit weitaus größeren Orten – welche andere mitteldeutsche Kleinstadt kann gleich zwei Bühnen für Kleinkunst in der Innenstadt fast direkt nebeneinander anbieten, davon eine für Travestiekunst? Wittenberg begeht viele Kirchenfeiern und Stadtfeiern um Luther herum im Laufe der Lutherdekade, zu der bis zum Höhepunkt im Jahr 2017 Lutheraner aus aller Welt kamen und kommen.

Jeder dritte Besucher ist Ausländer. Sie streben aus unterschiedlichen Gründen hin: Finnen und Norweger als gute Lutheraner; Koreaner, weil sie Erfahrungen sammeln wollen, wie ein geteiltes und dann vereinigtes Land mit dem Wandel umgeht; und Japaner, weil sie ihre Reiseziele auf Stätten des Weltkulturerbes hin orientieren – eine weitere Welterbemeile mit drei Stätten, die weniger als 30 Kilometer Luftlinie – hier in Richtung Dessau – auseinanderliegen, gibt es nicht. Verblüffend mag scheinen, dass die Hälfte aller Auslandsbesucher der Lutherstadt Wittenberg aus den Vereinigten Staaten kommt, zudem deren Motivation. Für viele ist es ein spirituelles, fast

mystisches Erlebnis, die Gräber Martin Luthers und Philipp Melanchthons in der Schlosskirche zu berühren und vor der Kirchentür zu stehen, an die nach der Überlieferung Luther am 31. Oktober 1517 seine 95 Thesen angehängt und damit die Welt verändert hatte. Manche sehen sie als „berühmteste Tür der Welt". Amerikaner seien, berichtet Stefan Rhein, der Leiter der Stiftung Luthergedenkstätten in Sachsen-Anhalt, oft Pilger auf der Suche nach religiösen Wurzeln ihrer geistig-seelischen Existenz.

Dies sind Vorboten. Andere mit Luther verbundene Städte wollten da nicht hintanstehen. So feierte Mansfeld „Luthers Einschulung" mit der Musik des Quedlinburger Spielmann-Quartetts Scherbelhaufen und einem Posaunenchor. Wittenberg setzte dem das Stadtfest „Luthers Hochzeit" entgegen – am Festumzug nahmen an die tausend Musiker und Gaukler teil. Nicht alle nehmen das so ernst wie früher: Bücher eines Evangelischen Verlags tragen Titel wie „Thesen und andere Anschläge" und kecke Titelbilder. Luther trug da ein rotgelbes Graffito an die Mauer auf mit dem Satz „Hier spraye ich – ich kann nicht anders". Dass Luther politische Korrektheit nicht zu pflegen schien, abfällige Bemerkungen auch gegenüber Juden äußerte, unterschlägt das Lutherhaus als wichtigstes reformationsgeschichtliches Museum der Welt nicht.

Das Ehrfürchtige aber läuft dem Unernst weiter den Rang ab in der Stadt, die neben Eisleben als wohl einzige in Deutschland einen Familiennamen als offiziellen Namensbestandteil trägt. Wer im Auskunftssystem der Bundesbahn Wittenberg finden will, muss unter dem vollen Städtenamen „Lutherstadt Wittenberg" suchen. Museen, Kirchen und zahllose Veranstaltungen und Führungen widmen sich Martin Luther, den anderen Reformatoren wie Melanchthon, dessen „Augsburger Konfession" von 1530 weiterhin das gültige Bekenntnis aller lutherischen Kirchen ist, und Johannes Bugenhagen oder dem Maler Lucas Cranach, der zur gleichen Zeit in Wittenberg lebte und viele Bilder Luthers und seiner Frau Katharina von Bora

hinterließ. Das Bugenhagenhaus am Kirchplatz – der Freund und Seelsorger Luthers lebte und lehrte als „Dritter Reformator" in Wittenberg und war der Reformator Norddeutschlands und Skandinaviens – gilt als ältestes evangelisches Pfarrhaus der Welt.

Fast überall stehen kirchliche oder kirchennahe Stätten – ein Predigerseminar, das Geistliche der Evangelischen Kirche der Union ausbildet; eine Evangelische Akademie; das Zentrum für Reformationsgeschichte; das Wittenberg Zentrum für globale Ethik; die Luther-Gesellschaft mit der Zeitschrift „Luther", einem Luther-Jahrbuch, einem Martin-Luther-Preis und einem Martin-Luther-Stipendium. So manche Wissenschaftler, die etwa das ernestinische Wittenberg um 1500 herum mit Archiv- und Feldstudien erkunden und dabei vieles Neue zur Reformationsgeschichte veröffentlichen, leiden unter der Marketingkampagne von Stadt, Land und Kirche, die sich bisweilen auf Luther-Socken und Luther-Zwerge konzentrieren statt auf Wissen und Erkenntnis.

Es gibt zudem regionale Eifersüchteleien. Sie sind sichtbar in der heimlichen Rivalität zwischen Thüringen und Sachsen-Anhalt im Suchen nach Aufmerksamkeit und nach Touristen. Viele zieht es auf die spektakuläre Wartburg nicht nur, weil Luther dort Teile der Bibel übersetzte – sie liegt so bequem an einer Durchfahrt-Autobahn. Lutherstätten Sachsen-Anhalts, Thüringens und Sachsens von Erfurt bis Torgau vermarkten sich gemeinsam unter dem Motto „Wege zu Luther". Dennoch grummelt es gelegentlich, wenn thüringische Landes- oder Kommunalpolitiker oder auch Kirchenfürsten allzu deutlich auf Luther pochen oder seinen Namen für einen Flugplatz nutzen wollen. Wenn Thüringen sich als das Land Luthers bezeichne, so wundere er sich doch sehr, spottet Wittenbergs Oberbürgermeister.

Dabei kann er darauf verweisen, dass in seiner Stadt mit dem Thesenanschlag die Reformation „offiziell" begann; dass dort die Gräber und die wichtigsten Museen und Sammlun-

gen liegen; dass die Erstausgabe der vollständigen Lutherbibel 1534 in Wittenberg gedruckt wurde; und dass Luther dort von 1508 bis zu seinem Tod 1546 lebte und eher zufällig in seiner Geburtsstadt Eisleben starb. Die Universität Wittenberg (Leucorea) galt dank Luthers und des „Lehrers Deutschlands", Melanchthon, die dort lehrten, ein gutes Jahrhundert lang als nicht nur größte, sondern auch bedeutendste Hochschule Deutschlands, wenn nicht gar Mitteleuropas. „Der bei weitem heiligste Ort des letzten Jahrtausends" heißt es gar über einem kolorierten Holzschnitt Lucas Cranachs einer Wittenberger Stadtansicht um 1560. Schon damals besaß Wittenberg internationale Ausstrahlung. Unter vielen illustren Lehrern und Studenten war mit dem Ghanaer Anton Wilhelm Amo 1730 bis 1735 der erste Afrikaner, der je an einer Universität irgendwo in der Welt promovierte. Als ein südafrikanischer Minister vor der Gedenktafel am Innenhof der alten Hochschule stand, sagte er: Hier begann unsere Befreiung. Nur der nüchterne Luther selber ließ sich von dieser Weihe nicht beeinflussen – er beklagte sich über die „Stadt am Rande der Zivilisation" mit dem Satz „Es ist hier zu Wittenberg nicht mehr denn eine Schindleiche".

In Wittenberg am Grab Luthers in der Schlosskirche endet ein 410 Kilometer langer Pilgerweg unter dem Namen Lutherweg. Er verbindet 34 Stationen auf dem reformatorischen Pilgerweg Martin Luthers. Betrieben wird er von evangelischen Landeskirchen, Tourismusverbänden und Wandervereinen. Er führt von Mansfeld mit dem Elternhaus Luthers und Eisleben als Geburts- und Sterbeort bis Wittenberg als Zentrum der Reformation. Sein Geburtshaus in Eisleben, 1693 als Gedächtnisstätte für den Reformator eröffnet, ist das älteste Geschichtsmuseum im deutschsprachigen Raum. Zudem ist es wie Luthers Sterbehaus zwei Straßenblocks entfernt Weltkulturerbe der Unesco. Aus Luthers Geburtszeit 1483 ist im spätmittelalterlichen Stadtwohnhaus die von der Straße bis in den Hof durchgehende Diele erhalten. Im Mittelpunkt der Ausstellung stehen soziale und politische Verhältnisse zu seiner Jugendzeit

sowie seine Taufe in der wenige Schritte entfernten Kirche, in der er einen Tag nach seiner Geburt auf den Namen des Tagesheiligen getauft wurde. In Eisleben kreuzt sich der Lutherweg mit dem Jakobsweg katholischer Pilger, der 370 Kilometer lang von Nord nach Süd durch Sachsen-Anhalt führt.

Auch wenn der Reformator in Wittenberg überall präsent ist in Statuen, Postkarten, Plakaten: Vorübergehend war er auf dem Rathausplatz kleiner und bunter als gewohnt, dafür aber achthundertfach. Der Künstler Ottmar Hörl hatte, angeregt von der evangelischen Kirche, 800 „Mini-Luthers" in purpurrot, moosgrün, kobaltbau und schwarz auf den Marktplatz gestellt. Die Künstlerinstallation fand Zustimmung und scharfe Kritik. Besonders plastisch drückte das der Wittenberger Theologe Friedrich Schorlemmer aus: Der Reformator werde in der Stadt der Reformation verkleinert, gefärbt und verkauft und so zur Massenware, zum theologischen und ästhetischen Schindluder. Die „Luther-Zwerge" oder auch Lutherlinge sollten gleichsam das historische Luther-Denkmal von Gottfried Schadow vertreten, das wie das seines Mitstreiters Philipp Melanchthon für ein Jahr von seinem Sockel gehoben worden war, um es zu restaurieren – just kurz nach Beginn der Lutherdekade zum 500. Jahrestag des Thesenanschlags an der Schlosskirche.

Jede viertel Stunde wurde hier nun aus Luthertexten gelesen. Hörl wollte mit seiner Aktion zeigen, dass sich Luther auf Augenhöhe mit Menschen gesehen habe, er jemand sei, der es abgelehnt hätte, sich auf einen Sockel zu erheben. Mehrfach schon hatte Hörl mit vergleichbaren Aktionen für Aufheben gesorgt. In der Dürerstadt Nürnberg, deren Akademie der Bildenden Künste er vorsteht, errichtete er „Dürer-Hasen", in Berlin Bären vor dem Brandenburger Tor. Der auf Holzlatten verankerte aufgereihte Kunststoff-Luther wurde auf dem Rathausplatz umwandert von Betrachtern, die stark unterschiedlich reagierten. Dass die Figuren fest angeordnet stehen, beruhe darauf, so Hörl, dass Martin Luther ein Moralist gewesen sei, aber auch ein Ordnungsfanatiker, der für ständig veränderte

Perspektiven offen war. Das gut Dutzend Städte, deren Bürgermeister zum Auftakt der Luther-Dekade nach Wittenberg kamen – darunter Erfurt, Eisleben, Eisenach, Magdeburg, Coburg, Göttingen – erhielten je eine Luther-Statue als Geschenk. So breitete sich Luther wie seine Reformation aus, indes in etwas anderer Gestalt und Farbe.

Klarheit und Abstand

Sinkendes Ansehen von Managern und Banken, Finanzkrise, Vertrauensschwund: Seit Jahren wird nach neuen Regeln und Verhaltensweisen gesucht, zudem nach einer neuen Orientierung und beständigen Werten. Schon einmal mit der Reformation stand Wittenberg dafür, in einer Umwelt des Vertrauensverlustes neue Wege zu finden und zu gehen. Wohl von keiner anderen Kleinstadt seien Ideen ausgegangen, die so stark die Welt verändert hätten, wie von der Lutherstadt Wittenberg in den Jahren der Reformation, sagte der frühere Ministerpräsident Sachsen-Anhalts, Wolfgang Böhmer, über seine Heimatstadt – hier hatte und suche man Mut zu großen Ideen.

So stößt eine stille Institution auf verstärktes Interesse. Vor gut einem Jahrzehnt gründeten Politiker um Hans-Dietrich Genscher und den amerikanischen Bürgerrechtler Andrew Young sowie Unternehmer das Wittenberg-Zentrum für Globale Ethik. Es wirkt bewusst still, aber nachhaltig – auch beim Suchen nach Regeln im Umgang miteinander in Zeiten der Krise. Hier hätten Banken und Politiker einen Ort, an den sie sich zurückziehen könnten im Streben, neues Vertrauen zu finden fernab der Fernsehkameras. Diesen Weg gingen in den vergangenen Jahren mit einigem Erfolg deutsche Tarifpartner ebenso wie Politiker aus dem Nahen Osten und aus Afrika.

Warum just Wittenberg und nicht München oder Frankfurt? Führung braucht Klarheit, und Klarheit braucht Abstand, sagt Wittenbergs Oberbürgermeister Eckhard Naumann: Klar-

heit und Abstand seien Grundpfeiler der globalen Ethik wie auch des Zentrums. Wittenberg erscheint nicht nur dank seiner Vergangenheit als Ort zum Besinnen, sondern auch durch die Logistik. Berlin ist nur gut vierzig Bahnminuten entfernt, und doch ist man fern von Schaufensterveranstaltungen. Fast schon klösterliche Abgeschiedenheit umgibt einen auf dem Stiftungsgelände: Zwischen 1530 und 1620 beherbergten die traditionsreichen Räume die meistbesuchte Universität Deutschlands.

Am gleichen Ort, an dem der erste schwarzafrikanische Student und Professor in Europa als Philosoph und Mediziner promovierte, treffen sich nun afrikanische Botschafter, Nachwuchspolitiker und Manager im Versuch, Unternehmergeist und eigenverantwortliches Handeln in Afrika zu stützen. Afrikanische Vereinigungen bereiteten nicht zufällig just hier die Gründung eines Dachverbandes der Afrikaner in Deutschland vor. Ähnlich geht das Wittenberg-Zentrum vor beim Nahost-Forum. Dort nähern sich Jordanier und Israelis, getragen von Friedenszentren in Amman und Tel Aviv, in Fachfragen an. Mal geht es um die Trinkwasserversorgung der Region, mal um grenzüberschreitenden Fremdenverkehr. Teilnehmer loben, dass so der Friedensprozess „privatisiert" werde, um die offizielle politische Linie voranzutreiben.

Wie der Geist von Wittenberg wirkt und hilft, zeigt die chemische Industrie. Der Bundesarbeitgeberverband Chemie, die Industriegewerkschaft Bergbau, Chemie, Energie sowie Betriebsräte begannen den „Wittenberg-Prozess", bei dem es weniger um Tarifpolitik ging denn um Leitwerte und Grundprobleme. Seitdem gilt die Chemiebranche als Vordenker. Die Sozialpartner wollten dem Vertrauensverlust in die Soziale Marktwirtschaft begegnen. Sie hoben weniger das Trennende hervor denn die vielen Gemeinsamkeiten – das Zentrum wurde Treffpunkt und Denktank.

Gefragt ist die Vermittlung von Wirtschaftsethik, die Kernkompetenz des Zentrums. Dabei geht es Gesprächspartnern eher um Praxis denn um Theorie: Wittenberg sei, erläutert der

Unternehmer Eberhard von Koerber – der Präsident des Club of Rome ist einer der Gründer und Vizepräsident des Zentrums –, ein Ort konkreter Ethik. Schon Martin Luther habe zum Handeln aufgerufen, aber zum fairen, werteorientierten Handeln. Wie viele dem Zentrum verbundene Politiker, Wissenschaftler und Manager weist Koerber auf Leuchttürme, die anderen ein Vorbild seien, weniger auf Versagen – er nennt also die Chemie eine vorausschauende Industrie und schweigt zu den Banken.

An Saale, Unstrut und Mulde

Bitterfeld – immer wieder neu erfunden

Wohl kaum eine andere Stadt hat sich immer wieder so neu erfunden: in ihrer Wirtschaftsstruktur von einer Tuchhandelsstadt zu einem der Chemiezentren Deutschlands mit 150 Jahren Braunkohleabbau und dann zum Mittelpunkt einer Zukunftstechnologie; durch ständige Wanderbewegungen in ihrer Bevölkerung – slawische Stämme, flämische Kaufleute, protestantische Handwerker, polnisch-katholische Bergleute, Ostflüchtlinge; in ihrem Außen- und Innenbild von einer von Erfinderreichtum geprägten Industriemetropole über die „hässlichste und schmutzigste Stadt Europas“ in den späten Jahren der DDR zu einem Erholungsgebiet; und nun auch in ihrer Verwaltungsstruktur. Die Verwaltungsreform im Jahr 2007 brachte Bitterfeld Verlust und Gewinn. Der Ort verlor seinen Status als Kreisstadt an Köthen, seine Einwohnerzahl wurde durch die Eingemeindung von Wolfen und kleiner Dörfer aber fast verdreifacht. Bitterfeld-Wolfen hat mit nun 45.000 Einwohnern nur so viele Bewohner wie mancher Vorort Frankfurts, in Sachsen-Anhalt wurde es aber zur viertgrößten Stadt.

Bitterfeld erlebte innerhalb von fünfzehn Jahren eine wundersame Wandlung vom hässlichen Entlein, das jeder mied, zur Urlaubsstadt, in die eine halbe Million Touristen jährlich kommen. Wo vorher die ehemalige Braunkohlegrube eine zerklüftete Mondlandschaft war mit grauer und schmutziger Luft, die kaum freies Atmen ohne ständigen Hustenreiz erlaubte, liegt das Schwefeldioxid nun unter der Nachweisgrenze. Und

aus den Gruben wurde der größte See des Bundeslandes, umgeben vom nach eigenem Bekunden flächenmäßig größten Landschaftskunstprojekt der Welt, das Gartenarchitekten und Künstler zusammen planten – es heimste internationale Auszeichnungen ein. Auf dem See kreuzen selbst im Nieselregen Segelschiffe zwischen künstlichen schwebenden Inseln, Landeplätzen für Motorboote und der Bernsteinpromenade. Diese erinnert daran, dass auf dem überfluteten Gelände bis 1992 siebzehn Jahre lang Bernstein gefördert wurde – Deutschlands letzter Bernsteinproduzent. Das zum Ort zählende Mühlbeck-Friedersdorf ist nach Vorbildern in Wales, Belgien und den Niederlanden „Deutschlands erstes Buchdorf" mit etwa zehn Antiquariaten auf engem Raum und weiteren Versandantiquariaten. Begünstigt wurde der Umbruch durch die Expo 2000 in Hannover, die dies als ein Sonderprojekt stützte.

Oberhalb des Ortes steht der Bitterfelder Bogen auf einer Kipphalde inmitten des Waldes, ein Monumentalwerk eines Frankfurter Künstlers, von dessen Spitze aus der Ort und die Goitzsche (der Kunstsee) betrachtet werden können. Der nach der Wende aus dem Westen zugereiste Direktor des Kreismuseums spricht von einer „mittlerweile tollen Stadt" mit ausgedehnten Auenwäldern und Grünanlagen, die man lange vermisst habe. Nur bei alteingesessenen Bitterfeldern selber dauert es etwas länger, bis sie ihre Stadt zu schätzen beginnen, in der immerhin ein auf Gothic extravagant gekleidetes Paar – sie mit knallrot gefärbten Haaren – sagen kann, es lebe schon lange hier und sei bisher mit seinem Auftreten nie auf Schwierigkeiten oder gar Aggressionen gestoßen.

Durch die Eingemeindung von Wolfen hat Bitterfeld-Wolfen nun zwei weitere Leuchttürme deutscher Industriegeschichte innerhalb seiner Stadtgrenze. In Wolfen hatte Agfa 1934 den ersten einsetzbaren Farbfilm entwickelt und hergestellt, woran ein Filmmuseum erinnert. Nach Urheberrechtsstreitereien führte die DDR die Produktion mit der Billigmarke Orwo (Original Wolfen) fort, die sich mittlerweile auf Schwarz-Weiß-Filme für

Archive und Bibliotheken konzentriert. Auch wer Kopfschmerzen hat, nutzt oft Bitterfeld-Wolfen: Aus dem Chemiepark werden Aspirin-Tabletten in fünfzig Länder der Welt exportiert, die gesamte Aspirin-Herstellung Europas konzentriert sich hier. Im eingemeindeten Thalheim wurde Q-Cells zum Marktführer bei Solarzellen, der in atemberaubendem Tempo Umsatz und Mitarbeiterzahl ausbaute und andere Unternehmen der Zukunftstechnologien wie Sonnenenergie anzog – bis es dann dank der Krise der deutschen Solarindustrie, alles innerhalb eines Jahrzehnts, wieder Vormachtstellung und Status verlor.

Dabei brauchten sich Bitterfeld und Wolfen mit ihrer Rolle in der Industriegeschichte nicht zu verstecken: Wohl kaum ein anderer Ort seiner Größe kann auf mehr „Rekorde" und Erfindungen hinweisen. Hier wurde 1936 die erste vollsynthetische Faser hergestellt. Synthetische Edelsteine aus Bitterfeld wurden als Lagersteine allerorten eingesetzt bis hin zum Laufwerk edler Uhren. Hier entstand 1911 das erste Eisenbahnkraftwerk, das zum Modell der Stromversorgung für Eisenbahnen in Deutschland und Nachbarländern wurde. Hier zeigte sich, wie geostrategisches und Autarkiedenken für den Ausbau Bitterfelds eine Rolle spielten: Die Reichsregierung wollte das Werk nicht, wie erwogen, im Saarland bauen, da es dann der nahe „Erzfeind" Frankreich hätte erobern können. Im Dritten Reich wollten die Machthaber die Region Bitterfeld zum größten Wirtschaftszentrum, noch vor dem Ruhrgebiet, ausbauen – Grundlage war die ebenso billige wie reichliche Braunkohle im Tagebau. Die Infrastruktur mit Gasleitungen zu den Werken trug sogar dazu bei, dass ein Zentrum des europäischen Gasballonsports mit einer Fülle von Rekorden entstand – das hält an. In Bitterfeld fanden gleich zweimal nacheinander Weltmeisterschaften für Gasballons statt.

Geostrategie half auch im und nach dem Krieg: Da kaum Rüstungsgüter hergestellt wurden, blieb das Industriegelände von den Alliierten halbwegs verschont. Mit der Zerstörung der nahen Leunawerke aber konnten dort deutsche Kampfflugzeu-

ge ohne Treibstoff nicht mehr abheben. Die Bombardierungen waren sauber wie mit einem Skalpell. Nach dem Krieg standen die meisten Werke noch, wurden aber von der sowjetischen Besatzungsmacht als Kriegsentschädigung demontiert. Auch hier zeigte sich Bitterfeld anpassungsfähig und zäh. Die Braunkohle diente nun der DDR zum Aufbau eines enormen Chemiekombinats. Legendär nicht nur in der DDR war der Werbespruch „Plaste und Elaste aus Schkopau“, der an der Autobahn von Berlin nach München stand – heute ist die Neonreklame im Deutschen Historischen Museum in Berlin zu sehen. Die Bewohner verdienten weit mehr als andere und gaben sich so mit ihrem Schicksal zufrieden: in einem Ort zu leben, auf den täglich Unmengen Ruß fiel.

Eine der Ersten, die das auch außerhalb der Region bekannt machte, war 1981 die Schriftstellerin Monika Maron mit ihrem Debütroman „Flugasche“, wohl der erste Umweltroman der deutschen Nachkriegsliteratur. Ihr Satz, „B.“ sei die „schmutzigste Stadt Europas“, wurde von vielen übernommen und variiert. Dabei war schon vorher der Ruf ramponiert. Notgeld von 1921 erinnert an Parallelen zu 1473, als die Stadt abbrannte: „Wir gleichen uns doch sehr – ihr waret damals abgebrannt, wir sind's jetzt noch viel mehr“ mit dem Zusatz „Sehn wir uns nicht in dieser Welt, so sehn wir uns in Bitterfeld“.

Nach der Wende mit dem Ende der Großkombinate und des Kohleabbaus erfand sich Bitterfeld neu. Altlasten wurden abgebaut, Fabriken mit Schadstoffemissionen geschlossen. Das führte zu Arbeitsplatzverlusten. Junge, besser ausgebildete Leute zogen fort, vor allem Frauen. Die Einwohnerzahl Bitterfelds sank binnen zwei Jahrzehnten von 20.000 auf 15.000, Wolfens von 40.000 auf 26.000. Auf mehr Vorbehalte als die Fusion von Bitterfeld und Wolfen stieß die Kreisreform, die Bildung eines lang gestreckten Kreises von vergleichsweise „fast der Stadtgrenze von Leipzig bis fast zu der Grenze zu Potsdam“ orientiert an der Wirtschaftsstruktur, nicht der Historie, Geografie oder den Gefühlen. Mit der neuen Kreisstadt Köthen verbindet die

Bevölkerung emotional und historisch wenig; lieber fahren sie nach Leipzig oder Halle, das genauso nah ist.

Geiseltal – ein besonderes Klima

Zweimal schon zog das kleine Geiseltal nahe Merseburg Aufmerksamkeit auf sich. Fossilforscher in aller Welt kennen das Geiseltalurpferdchen. Über sechzig Jahre hinweg sind Fossilien aus dem Eozän geborgen worden, pflanzliche und tierische Reste des Tertiärs vor 45 Millionen Jahren. 50.000 Einzelstücke bewahrt das Landesmuseum in Halle auf. Anders als Fossilien der ebenso berühmten Grube Messel nahe Darmstadt waren sie oft dreidimensional erhalten. Mehrere Hundert Tier- und Pflanzenarten kennt man nur vom Tal, das dank des Windschattens des Harzes ein besonderes Mikroklima bietet. Dazu kam der Abbau der Braunkohle über 300 Jahre hinweg, Grundlage des Ausbaus erst von Zuckerfabriken und dann des mitteldeutschen Chemiedreiecks.

Nach dem Ende des Tagebaus 1993 setzten Bewohner auf Fremdenverkehr und bauten Campingplätze, Feriensiedlungen und Bootsanlegeplätze. Mit der Flutung der Tagesstätte zum Geiseltalsee ist er nun der größte künstliche See Deutschlands und das größte Gewässer im Sächsischen Seenland. 300.000 Besucher jährlich bringen Aufschwung und höhere Lebensqualität.

Ähnlich grundlegend war der Strukturwandel nahe dem See in Leuna. Wer an Leuna denkt, denkt an Düngemittel und Sprengstoffe, Zwangsarbeiter und Luftbombardierungen. Im Dreieck von Halle, Merseburg und Leipzig war die Chemieindustrie des Dritten Reichs und später im „Leuna-Werk Walter Ulbricht" der DDR geballt. Hier entstand vor dem Zweiten Weltkrieg „deutsches Benzin", synthetisches Benzin aus verflüssigter Kohle. Just dort aber, nur scheinbar keck und wagemutig, erinnerten die Waldbesitzer Sachsen-Anhalts bei ihrer Mitgliederversammlung an den Berghauptmann Hans Carl von Carlowitz. Er hat-

te dreihundert Jahre zuvor erstmals den Begriff „nachhaltend“ verwendet. Er wurde Vorreiter der Nachhaltigkeitsidee, der sich Forstwirte wie wenig andere Wirtschaftszweige verhaftet fühlen. Durch die Verwendung von Holz als nachwachsender Rohstoff für Bauten und als Heizmaterial wird ein Achtel der gesamten Treibhausgasemissionen in der Bundesrepublik erspart. In Leuna steht ein Fraunhofer-Zentrum für chemisch-biotechnologische Prozesse – Teil des „Spitzenclusters Bioeconomy“ mit Sitz in Leuna. Das Zentrum forscht, wie nachwachsende Rohstoffe wie Holz als Grundstoff für die Chemieindustrie genutzt werden können. Was in Reagenzgläsern funktioniert, soll auch in Industrieanlagen genutzt werden können. Brüssel und Berlin setzen auf Strategien, wie mithilfe biobasierter Wirtschaft der Spagat gelingen kann zwischen Wirtschaft, Klima und Naturschutz.

Naumburg – Besuch bei der Stifterin

Die größte Herausforderung war ein Foto: 259 Frauen und Mädchen im Westchor des Naumburger Doms. Alle trugen den gleichen Vornamen wie die steinerne Figur, um die herum sie sich sammelten. Uta von Naumburg wurde ungezählt oft auf Postkarten und in kunsthistorischen Bänden abgebildet als Ikone der Kunstgeschichte wie die Mona Lisa und Inbegriff der schönen, auch der spröden deutschen Frau. Die Nationalsozialisten stilisierten die berühmteste der zwölf Stifterfiguren des „Naumburger Meisters“ zum Nationalheiligtum, auch in der DDR wurde die Stifterfigur gehegt, die Eingang fand in Dutzende Romane und in einen Disney-Zeichentrickfilm. Es gebe keinen anderen Vornamen, zu dem dessen Trägerinnen einen so engen Bezug hätten, sagt ein Kunsthistoriker, der in einem Buch die Rezeptionsgeschichte der Uta beschrieb. Er hatte sich einen Sommer lang als Domführer anheuern lassen und dabei die Äußerungen vieler gesammelt, die in die Uta stärker verliebt sind als in jeden anderen Stein.

Zum ersten Uta-Treffen mussten viele abgewiesen werden, weitere Uta-Wochenenden folgten. Die jüngste Teilnehmerin, Uta aus Halle, war sechzehn Monate alt. Einige hießen schon in der dritten Generation Uta – die Großmutter war von der Mitte des dreizehnten Jahrhunderts geschaffenen Stifterfigur angezogen und gab die Faszination weiter. In einer anderen Familie hießen alle drei Töchter mit Zweitnamen Uta. Manche mussten dem Standesbeamten erst ein Foto der Skulptur vorlegen, um das Kind so nennen zu dürfen. Das war bei Uta aus Hannover nicht nötig: Ihre Eltern heirateten im Dom. Ihr Großvater gab als Stadtbaurat von Naumburg den Auftrag, im Zweiten Weltkrieg die zwölf Stifterfiguren im Dom mit Sandsäcken zu schützen und einzumauern. Der Onkel ihres Mannes hatte sie dann als Maurermeister eingemauert. Über drei Tage hinweg ließen die Utas sich zu Laternenlicht durch die Altstadt führen, hörten Vorträge über die „deutsche Ikone", trafen sich zum Mittelalteressen auf der Rudelsburg und zwei weiteren Burgen „an der Saale hellem Strande". Dabei konnten sie den „Uta-Wein" mit der Markgräfin Uta auf dem Etikett kosten: Der Gutedel wird seit dem Mittelalter bis heute im Saaletal angebaut. Schließlich ist die Saale-Unstrut-Region das nördlichste Qualitätswein-Anbaugebiet Europas.

Georg Graf von Zech-Burkersroda, bis zum Sommer 2012 Dechant der Vereinigten Domstifter und damit Hausherr des Naumburger Doms, gestand, dass er vom Erfolg des Uta-Treffens überrascht wurde. Die Vereinigten Domstifter zu Merseburg und Naumburg und des Kollegiatstifts Zeitz – eine der regen und mächtigen privaten Kulturträger Mitteldeutschlands – wollen Besucher in „ihre" drei Orte locken nicht nur, um die Aufmerksamkeit zu lenken auf kulturhistorische Schätze, sondern auch um Einnahmen zu stärken, um die Sanierung und Sicherung voranzutreiben. Graf von Zech als Vorsitzender der sieben ehrenamtlichen Domherren sah sich als Unternehmer mit einem besonderen Auftrag in der Heimat seiner Familie. Jährlich kommen mehr als 150.000 Besucher in den Dom – mehr als fünfmal so viele, wie die Kleinstadt Einwohner hat.

Seit der Einweihung der drei rot-weißen Fenster des Leipziger Malers Neo Rauch in der Elisabethkapelle kamen monatlich nochmals tausend Besucher mehr. Die Sanierung und Wiedereröffnung der Kapelle mit den kraftvollen Kirchenfenstern war nur eine von vielen Schritten der Belebung – dabei nicht nur die zugkräftigste, sondern auch die preisgünstigste. Da Neo Rauch seine Arbeit stiftete, kosteten sie den Domstift nur 15.000 Euro für das Echt-Antik-Glas.

Die Stiftung investierte mehr als zwanzig Millionen Euro in die Dome in Naumburg und Merseburg und die Sicherung der unschätzbar wertvollen Bibliothek in Zeitz. In Merseburg wurde die Barockorgel, eine der größten Orgeln Deutschlands, restauriert. In Naumburg ertönten die Domglocken nach mehr als zwanzig Jahren Zwangspause wieder. Im Merseburger Kapitelhaus wie auch im Naumburger Domgewölbe wurden die Domschätze erstmals mit ihren mittelalterlichen Kleinoden ausgestellt. Die Domschule St. Martin als evangelische Ganztagsschule zog in ein Gebäude am Domplatz und belebte so eine fast tausend Jahre alte Schultradition am Naumburger Dom wieder; und die Domstifter fanden für ihre früher vom Leerstand gezeichneten Bauten eine sinnvolle Nutzung.

Die Kleinstadt mit der großen Geschichte zog stets die Beamtenschaft an, Richter, Pensionäre und auch Unternehmer, die in der Chemieindustrie der Region arbeiteten, aber wegen des reichen Kulturangebots, der gediegenen Atmosphäre und der Villenviertel hierherzogen. Naumburg ist für das nahe Halle, was Potsdam für Berlin ist. Mit anderen Worten: Dies ist eine Hochburg der CDU. Naumburg hat neben Dom und dem Oberlandesgericht auf dem Gegenhügel sowie der nahen Neuenburg, der größeren Schwesterburg der Wartburg, Weiteres zu bieten von Rang. Mit der Gründung einer Friedrich-Nietzsche-Stiftung und dem Bau eines Dokumentationszentrums ehrte Naumburg den Philosophen, der in der Saalestadt Teile seiner Jugend und seines Alters verbrachte. Im Keller des Hauses aus

Glas und Holz werden Dokumente aufbewahrt und die von der Stadt erworbene Sammlung des amerikanischen Germanisten Richard Frank Krummel – mit 7.000 Bänden vermutlich die größte private Sammlung zur Nietzsche-Rezeption im zwanzigsten Jahrhundert. Das Zentrum wurde gebaut direkt neben dem Haus, in dem der Denker in seiner Kindheit und Jugend lebte und zwischen 1890 und 1897, geistig umnachtet, von seiner Mutter gepflegt wurde. Die Stiftung unterhält das Zentrum und lenkt Aufmerksamkeit auf andere Nietzsche-Stätten in Sachsen-Anhalt, darunter das zeitweise vom Abriss bedrohte Geburtshaus in Röcken.

Nietzsche ging nahe von Naumburg zur Schule: in die ehemalige Gelehrtenschule Schulpforta in einem Ortsteil von Bad Kösen. Dort lernen seit 470 Jahren unabhängig vom Einkommen der Eltern jene jungen Menschen, die in ihren Schulen oft gemobbt werden, weil sie zur Minderheit leistungsfähiger wie leistungswilliger Schüler gehören. Nur Können, Talent, Leistung berechtigt eine Zulassung, weder Geld noch Verbindungen oder „große Namen". Die Liste großer Namen unter den Altschülern der heutigen Landesschule Pforta ist dennoch oder gerade deshalb lang – neben Nietzsche der Dichter Friedrich Gottlieb Klopstock, der Philosoph Johann Gottlieb Fichte, der Historiker Leopold von Ranke, der Reichskanzler Theobald von Bethmann Hollweg. Jeder hundertste Portenser steht im Lexikon.

Alle Schüler, derzeit um die 300 – mehr Mädchen als Jungen –, wohnen im Internat des ehemaligen Zisterzienserklosters, das als pädagogisches Konzept auf die Einheit von Leben und Lernen setzt und auf karges Leben statt äußerem Luxus – vom täglichen Wecken um sechs Uhr an. Selbst die Bundeskanzlerin Angela Merkel kam dorthin zum Gespräch. Bevor sie mit Schülern über die Zukunft der Bildung sprach, wandte sie sich in Schulpforta dem Bewahren zu, der Bibliothek mit 900 Jahre alten Handschriften und Erstausgaben. Pforta – neben dem thü-

ringischen Roßleben das einzige Traditionsinternat der neuen Bundesländer, das nach der Wende wiederbelebt wurde – bietet neben dem üblichen Unterricht eine Vertiefung an, bei der sich Gymnasiasten entscheiden können zwischen Musik, Naturwissenschaften und klassischen Sprachen. Auch künftige Ingenieure aber müssen Latein lernen (vier Sprachen bis zur zehnten Klasse sind ohnehin für alle Pflicht) und Nachwuchsmusiker auch den Sternenhimmel. Sachsen-Anhalt führt die Traditionslinie fort, die nur in den Jahren des Nationalsozialismus und der DDR unterbrochen wurde. Auch Pforta selbst lernt weiter: Die Zeit für Bescheidenheit der anspruchslos Tüchtigen sei vorbei, sagt die Schule, jetzt wirbt sie auch für sich selbst. Einst war sie sich selbst genug. 1543 wurde sie in einer Gegend gegründet, die damals wegen des Sumpfes als abgelegen und karg galt, um die Konzentration auf das Wesentliche zu fördern. Heute aber ist das Saaletal lieblich und romantisch – auch das kann anregend sein für Gemüt und Geist.

Bad Kösen voller Farben und Bänder

Selbstverständlich ist das nicht: Das Verhältnis zwischen einem kleinen Ort im südlichsten Zipfel von Sachsen-Anhalt und Mitgliedern farbentragender Verbindungen ist zum beiderseitigen Vorteil freundlich, gar vertrauensvoll – und das nach Jahrzehnten, in denen der vermeintliche Feudalismus verpönt war. In den Straßen hängen deren Fahnen, im Tourismuszentrum Bad Kösens liegt das Verbandsmagazin „Corps" neben Prospekten aus der Region aus. Das Heimatmuseum widmet mehrere Vitrinen dem wiederbelebten Verhältnis. 1848 hatten die Corpsstudenten ihren Dachverband nach Kösen benannt – damals nur ein Dorf, in dem durch den Eisenbahnanschluss zwei Jahre davor ein Aufschwung begann.

Seitdem trafen sie sich bis zu ihrer Zwangssuspendierung durch die Nationalsozialisten 1935, und dann wieder ab 1994,

alljährlich zu Pfingsten in der Schankwirtschaft „Mutiger Ritter" und auf der Rudelsburg. Die Kösener Corps gelten als tolerant und hatten in ihren Reihen nicht nur Bismarck, sondern auch Karl Marx und Wilhelm Liebknecht, Robert Schumann und Heinrich Heine – und eine hohe Zahl und Dichte couragierter Widerständler im Dritten Reich. Den Dreiklang der Saale mit den Burgen Rudelsburg und Saaleck halten viele für eine der romantischsten Landschaften Deutschlands. Auf der Rudelsburg komponierte Franz Kugler das nicht nur bei Studenten beliebte Lied „An der Saale hellem Strande". Weit bekannter aber wurde „Gaudeamus igitur". Die heute gebräuchlichste lateinische Fassung des international berühmtesten traditionellen Studentenliedes entstand nahebei in einer halleschen Studentenkneipe.

Auch andere Orte gaben akademischen Dachverbänden ihren Namen – Coburg, Weinheim, Rudolstadt, Kyffhäuser. Aber wohl in keinem ist die Verbindung so gelassen und eng zugleich. In Bad Kösen ist die wirtschaftliche Lage derzeit bescheiden, obwohl der Ort mit seinem Kurbetrieb, einem ausgebauten Solewerk, dem Romanischen Haus als einem der ältesten Profanbauten Mitteldeutschlands und einem Museum für die hier entstandenen Käthe-Kruse-Puppen touristisch einiges zu bieten hat. Im Rathaus der Stadt, die als zweite in Deutschland elektrischen Strom erhielt, und „auf der Straße" scheint fast jeder ratlos, was mit der Überschuldung und der Eingemeindung nach Naumburg zu tun hat. Da scheint die Allianz von ländlicher Bevölkerung und trinkfreudigen Männern, die einmal im Jahr einfallen, beiden zu dienen.

Die Ratlosigkeit hatte sich in Bad Kösen auch zur Kommunalwahl gezeigt: Als die Bürger im Juni 2009 zu den Wahlurnen gingen, wussten sie noch nicht, ob sie wie bis dahin einen eigenen Gemeinderat wählten oder nur einen beratenden Ortsausschuss. Die Lage im Kurort war ähnlich verwirrend wie in zahlreichen anderen Gemeinden. Die Stimmabgabe fiel zusammen mit der Schlussphase einer vom Land vorgegebenen Kommunalreform – welche Orte ein halbes Jahr später noch

selbstständig sein würden, welche in einem Nachbarort aufgingen, war da mancherorts noch ungewiss. Es war auch unklar, wer die Restverschuldung des Orts tragen werde. Bad Kösen wurde bald danach Ortsteil von Naumburg. So waren zur Wahl in dem geschichtsträchtigen Ort von 5.200 Einwohnern kaum Plakate zu sehen, und Wahlkampfveranstaltungen gab es nicht.

Bad Kösen hatte sich unmittelbar nach der Wende beim Aufbau eines Kurbetriebs und der Wiederherstellung eines Gradierwerkes für die Salzgewinnung hoch verschuldet. Ausgaben für die Renovierung des Käthe-Kruse-Puppenmuseums sowie historischer Bauten wie der Rudelsburg kamen hinzu. Das brachte zwar Besucher in eine der landschaftlich schönsten Ecken Mitteldeutschlands, für die Schuldentilgung aber reichte das nicht. Mit der Fusion mit Naumburg wurde der Gemeinderat, der für fünf Jahre gewählt wurde, ein halbes Jahr später zum Ortsausschuss gewandelt, der die Gemeindeväter in der sechsmal größeren Nachbarstadt ohne Stimmrecht berät. So waren die Bürger der Kurstadt viereinhalb Jahre lang ohne direkte Vertretung in dem Gemeinderat, der über sie bestimmt.

Goseck – Silicon Valley der Vorzeit

Alljährlich zur Wintersonnenwende hoffen Bewohner der Region um Naumburg herum, dass die Sonne scheint. Um genau 15.30 Uhr wird sie dann, von der Mitte aus gesehen, zwischen einer Öffnung der hölzernen Kreispalisade in Goseck unter- und am nächsten Morgen zwischen der anderen aufgehen. Die 2005 wieder aufgebaute frühere Kultstätte, eine Kreisgrabenanlage, gilt wie die in der Nähe gefundene Himmelsscheibe von Nebra als Schlüsselfund der Archäologie, der Astronomie und der Religionsgeschichte.

Ganz einig sind sich Archäologen und Werbemacher aus Sachsen-Anhalt nicht: Ist Goseck nun das älteste Sonnenobservatorium der Welt oder nur Europas? Einig indes sind sie

sich, dass die abgelegene Saale-Unstrut-Region einst ein Kernland Europas war. Kurz nach dem Fund der Himmelsscheibe, der ältesten konkreten Himmelsdarstellung der Menschheitsgeschichte, wurde das Sonnenobservatorium von Goseck, das hölzerne Stonehenge – das 2.000 Jahre älter ist als sein steinernes südenglisches Gegenstück –, wiederentdeckt. Es gilt als erster archäologischer Beleg für eine systematische Himmelsbeobachtung. Bauern der Jungsteinzeit hatten das Monument mit 71 Metern Durchmesser vor 6.700 bis 7.000 Jahren errichtet.

Entdeckt wurde die Kreisgrabenanlage aus der Luft Anfang der neunziger Jahre, als nach dem Zusammenbruch der DDR private Flüge wieder erlaubt wurden und das in der Nähe gelegene Laucha zum Segelflugzentrum wurde (mit dem wohl einzigen Gymnasium der Welt mit Segelflug als Schulfach). Der Luftbilddokumentation folgten geomagnetische Prospektionen und Ausgrabungen. Der Prähistoriker François Bertemes sucht dort weiterhin mit Studenten der Martin-Luther-Universität Halle in Lehrgrabungen – wenn sie nicht gerade zur Winter- oder Sommersonnenwende feiern und der ebenso eigentümlichen wie eindrucksvollen Akustik mit ihrem Schall inmitten des drei Meter hohen doppelten Holzrunds lauschen.

Die Holzstämme am Graben, erbaut mit einfachen Holz- und Knochenwerkzeugen, sind lange vermodert. Außerhalb der Gruben aber fanden sich verglühte Wände und Tonscherben aus der Stichbandkeramik, was die Datierung des Baus auf 4800, möglicherweise auch 5000 vor Christus absicherte. Archäologen rekonstruierten einen der ersten Monumentalbauten Mitteleuropas. Im nahen Schloss Goseck – einst Stammburg der Pfalzgrafen von Sachsen, dann ein Benediktinerkloster und zuletzt Wohnsitz der Grafen von Zech-Burkersroda, die dort im Jahr 1840 einen mittlerweile imposanten Ginkgobaum pflanzten – steht ein Informationszentrum zum Sonnenobservatorium.

Vermutlich war Goseck wie Stonehenge einst Mittelpunkt eines ausgedehnten Siedlungsgebiets. Erstmals bei einer der

Köthen | Schloss

Langeneichstädt | Steinkammergrab

Gräfenhainichen | Ferropolis

Halle | Innenstadt

Halle | Silberhöhe

Schlanstedt | Burg

Wittenberg | Schlosskirche

Dessau-Roßlau | Bauhaus

Dessau-Roßlau | Prellerhaus

200 Kreisgrabenanlagen zwischen Rhein und Donau konnte dort aufgrund des Erhaltungszustands des Erdwalls mit seinen beiden inneren konzentrischen Palisadenwänden die astronomische Funktion bewiesen werden. Zudem hat Goseck, anders als vergleichbare Monumente, nicht zwei, sondern drei Tore, von außen nach innen verengt, um eine genaue Beobachtung zu erlauben. Erst satellitengestützte Messsysteme auf GPS-Basis ermöglichten dem Bochumer Astro-Archäologen Wolfhard Schlosser, der auch die Bedeutung der Himmelsscheibe von Nebra erkannt hatte, eine präzise Bestätigung des einstigen Zwecks.

Damit belegte die Forschung, dass im „Silicon Valley der Vorzeit" astronomische Kenntnisse in Europa über Sonne, Mond und Sterne weit früher bekannt waren als vermutet. Mithilfe ihres Kalenders konnten Steinzeitmenschen, die von Jägern und Sammlern zu Ackerbauern wurden, den Zeitpunkt von Aussaat und Ernte genauer festlegen. Zudem lebten sie mythologisch im Sonnenrhythmus und verehrten vermutlich den Pfahlkreis in Goseck als Heiligtum. Dieser wurde von Juni bis Oktober 2005 auf dem mittlerweile vollständig freigelegten Areal rekonstruiert.

Löbejün – eine schottische Gabe

Ian Lilburn hätte gute Gründe gehabt, Deutsche nicht zu mögen – ein älterer Bruder fiel kurz vor dem Ende des Zweiten Weltkrieges, und deutsche Bomber überflogen auf dem Weg zum Hafen Glasgow des Öfteren sein Internat. Als junger Mann aber hörte er in London ein Konzert, das sein Leben veränderte. Seitdem liebt er Carl Loewe und dessen Balladen – und im Gefolge die deutsche Kultur und Sprache. Im Alter von 81 Jahren verschenkte Lilburn seine Sammlung von Tonträgern, die bis dahin in seinem Stadthaus im Londoner Knightsbridge nahe beim Kaufhaus Harrods lagerte, zu Loewe nach Löbejün: die

größte und vollständigste der Welt. Die Internationale Carl-Loewe-Gesellschaft dankte ihm für diesen „großen Schatz von unschätzbarem Wert“ mit ihrer Ehrenmitgliedschaft. Nach Lilburns Tod benannte zudem der Ort einen Innenstadtplatz nach ihm. Zu den Kostbarkeiten zählt die erste Tonaufnahme mit der Musik Loewes, die 1902 aufgenommene Ballade „Heinrich der Vogler“.

So lagern seit dem Jahr 2008 nun 2.000 Schallplatten aus Schellack, Langspielplatten und 200 CDs, seltene Rundfunkaufnahmen und Tonbänder am Geburtsort Loewes in Löbejün bei Halle, dem mehr als tausend Jahre alten Städtchen im Saalekreis. Die 1992 gegründete „Internationale Carl-Loewe-Gesellschaft“ sieht sich in der Tradition früherer Loewe-Vereine in Berlin und in Löbejün, und sie hält Kontakte zu Loewe-Gesellschaften in Österreich und Japan. Die Forschungs- und Gedenkstätte hat ihren Sitz im 2014 eröffneten denkmalgeschützen Carl-Loewe-Museum. Gebaut wurde es anstelle des 1886 als baufällig abgerissenen Geburtshauses, einem Schulhaus von 1530 – Loewes Vater war Dorfschulmeister und Kantor. Im südlichen Sachsen-Anhalt hatte Loewe vor seinem Wechsel als Organist nach Stettin seine ersten 24 Jahre verbracht. Dort fiel seine Stimme im Chor in Köthen und Halle so auf, dass Westfalens König Jérôme ihm ein Stipendium gab. In Halle komponierte der junge Theologiestudent seine ersten Gesangsballaden. Sie sollten ihn, anders als seine Opern und Oratorien, lange überleben.

In Löbejün dienen die Tondokumente der Erforschung der Werke und Interpretation des romantischen Komponisten und der Pflege seines Musikerbes. Was Hugo Wolf für Lieder und Georg Philipp Telemann für die Kantatenliteratur bedeutete, war Carl Loewe für die Balladen: eine farbig-bildhafte Filigranarbeit bis ins Letzte und so vor allem für technisch versierte Sänger geeignet. Loewe gelang, die Vorgabe Goethes, dem er als junger Mann noch begegnete, zu erfüllen: Die Musik solle die Dichtung unterstützen und hervorheben, aber nicht ver-

drängen. Selbst Udo Jürgens und Thomas Gottschalk schätzen und hören seine Musik, und Papst Benedikt zu Ehren erklang ein Loewe-Werk zu dessen Geburtstagsfeier. Balladen, sagt der Präsident der Loewe-Gesellschaft, der Arzt Andreas Porsche, seien nicht tot – das sei Gefühl und Dramatik, und die heutige Jugend höre das als Rockballade auf MP3-Playern.

Das Verspielte Loewes, das bis zum Kalligrafischen Verfeinerte, kam dem Gentleman-Sammler entgegen. Ian Lilburn, eine in seiner Lebensart dem neunzehnten Jahrhundert Loewes verhaftete Gestalt aus schottischem Adelsgeschlecht, schätzte das Exzentrische. Zweimal jährlich flog er nach Deutschland, um den just erschienenen Bielefelder Katalog klassischer musikalischer Neuerscheinungen zu kaufen – er hätte ihn sich auch einfach senden lassen können. Dieser umfasst übrigens 140 Werke zu Carl Loewe – und alleine der „Prinz Eugen" wurde sechzehn Mal vertont.

Lilburns Loewe-Liebe und Freude an Bewahrenswertem ging weit und bisweilen skurrile Umwege. Seine Sprachfertigkeit erlaubte ihm auch auf Deutsch Wortwitz. Er dichtete nach und um und übertrug Balladen ins Englische. In London gründete er in seinem Haus nach deutschem Muster das „Corps Scotto-Germania", in dem Generationen deutscher Corpsstudenten zu Gast waren, und führte über diesen Umweg Ferdinand Freiligraths Ballade „Prinz Eugen, der edle Ritter" in der Loewe-Vertonung in das Liedgut mancher deutscher Studentenverbindungen ein, ohne dass diese den Anreger kennen – und verhalf Carl Loewes Melodien zu überleben. Und schuf damit über Bad Kösen einen weiteren Bezug zum Süden Sachsen-Anhalts.

Lützen – Schwedenfahnen und Schlachtfeldarchäologie

War die Begeisterung für die Hochzeit der schwedischen Kronprinzessin Victoria mit ihrem Fitnesstrainer im Sommer 2010

unter Bürgern im Osten Deutschlands womöglich größer als im Heimatland Schweden? Wer an jenem Hochzeitswochenende deutsche Orte mit historischer Bande zu Schweden besuchte, mochte diesen Eindruck erhalten. Ein Möbelhaus rief auf zur „längsten Grußkarte der Welt“, die älteste deutsche Schokoladenfabrik war stolz, die Pralinen zur königlichen Hochzeit zu liefern. Zumindest ermöglichte das Ganze einen Moment der Besinnung über wechselhafte historische Bande beider Länder.

Nachvollziehbar war der Überschwang in Lützen, das Kerzen entzündete und die Schwedenfahne hisste – nicht nur, weil die zwölf Jahre alte Victoria mit ihren königlichen Eltern 1991 in der Kleinstadt nahe Halle war. Hier verschob sich die deutsche wie auch die schwedische Geschichte, als der Schwedenkönig Gustav II. Adolf 1632 in der blutigsten Schlacht des Dreißigjährigen Krieges fiel im Kampf für den Protestantismus. Durch seinen Tod blieb Gustav Adolfs Name „im Licht“, urteilt der Historiker Golo Mann – im Licht also auch einer Heldenverehrung. Seitdem kommen Besucher aus Schweden zur Gedenkstätte.

Lützen wurde zum Ort einer evangelischen Wallfahrtskultur um einen Märtyrertod: Dort stehen eine Gedenkstätte, die Gustav-Adolf-Gedächtniskapelle, der Schwedenstein. Eine differenzierte Sicht erlaubt ein Ausstellungskatalog der schwedischen Historikerin Inger Schuberth. Er begleitete eine über viele Jahre hinweg vorbereitete Ausstellung im Lützener Schloss. Die Kleidung, die der König bei seinem Tod trug, kehrte nach 375 Jahren vorübergehend zurück: Die Königliche Rüstkammer in Stockholm verlieh sein blutgetränktes Hemd, seine Stiefelstrümpfe, seinen Degen und als „Relique“ seine Elchlederjacke mit dem Einschussloch am Rücken.

Neben Betrachtungen über wechselnde Beurteilungen historischer Persönlichkeiten lenkt Lützen den Blick auf einen Zweig der Historie – die Schlachtfeldarchäologie. Hier wurde ein denkmalgeschütztes Schlachtfeld erstmals methodisch und vollständig untersucht. Bis zum Jahr 2014 suchen Archäolo-

gen Spuren des langen erbitterten Kampfes zwischen kaiserlichen Truppen unter Wallenstein und den Schweden – das hat Vorrang vor einer geplanten Umgehungsstraße wie vor dem Braunkohlebergbau. Dabei denken die Lützener und auch die Schweden nicht mehr eindimensional: Das zeigte eine deutsch-tschechische Ausstellung über Albrecht von Wallenstein und die Lützener Schlachtfeldarchäologie und bis Ende 2014 eine über dessen General von Pappenheim.

Dank Metalldetektoren wurden schon mehr als 3.000 Überbleibsel gefunden, neben Musketenkugeln und Zaumzeug eine Weltkugel mit einem Löwen, die Gustav Adolf verloren haben könnte. Ungeklärt ist dennoch der Ort, an dem der König fiel. Bauern, so heißt es, haben direkt nach dem Tod einen Stein, den inzwischen von einem Baldachin gekrönten Schwedenstein, an den Ort gerückt, an dem er gefunden wurde. Archäologen halten das nicht für gesichert. Aus der Lage der Bleikugeln schlossen sie auf die Grenze zwischen Infanterie und Kavallerie. Ob sie eines Tages den genauen Todesort feststellen können, scheint ihnen ungewiss. Wenn die Uniformknöpfe und Münzen einmal ausgestellt werden, hätte das dann vielleicht nicht mehr ganz junge königliche Brautpaar ja einen guten Anlass, nach Lützen zu kommen.

Weißenfels – Heldenkult um den Retter

Vor einem Jahrhundert erhielt jeder dritte Täufling in der Marienkirche in Weißenfels den Namen Gustav Adolf. Der Boden unter der Kanzel wurde umgegraben in der vergeblichen Suche nach dem Herzen des Schwedenkönigs. Diese Zeit des Heldengedenkens ist vorbei – Gustav II. Adolf gilt nun als Vorkämpfer der Reformation, aber auch als Eroberer. Zum Jahrestag des Königstods 375 Jahre zuvor erlebten Besucher in Weißenfels und Lützen Fackelzüge und Gedenkgottesdienste, Schwedenhappen und Glühweingelage, Ausstellungen und eine nachgestellte Ob-

duktion als „medizinisch-historisches Schauspiel". Jedes schwedische Schulkind kennt den 6. November 1632 als eines der wichtigsten Daten ihrer Geschichte. Der König war ein Vorbild für Generationen junger Schweden. Selbst in Finnland wird sein Todestag als „Schwedischer Tag" begangen.

In der Nacht vom 6. auf den 7. November hatte ein Reitertrupp auf dem Weg von Lützen über Meuchen nach Weißenfels den Leichnam des 38 Jahre alten Königs auf einem Wagen mitgeführt. Er war, wie sein neben Wallenstein und Tilly wichtigster Gegenspieler, der kaiserliche General Gottfried Heinrich Graf von Pappenheim, am 6. November bei der verlustreichsten Schlacht des Dreißigjährigen Krieges in Lützen nahe Halle und Leipzig gefallen; auf den 6. November hat man sich geeinigt, obwohl mit der Änderung vom Julianischen zum Gregorianischen Kalender die Schlacht nach heutiger Zeitrechnung am 16. November stattfand. Die Protestanten hatten die Schlacht gewonnen und die Verbindungslinien zu den Ostseehäfen gesichert, aber auch ihren wichtigsten Streiter verloren. Gustav Adolfs Überführung in die Riddarholmskirche in Stockholm währte mehr als ein Jahr – die Ostsee war vereist, seine Grabeskapelle noch unvollendet.

Der König und seine Rolle haben fast zwei Jahrhunderte lang Historiker und Gläubige entzweit. Deutsche Protestanten sahen in ihm lange den Retter ihres Glaubens und benannten nicht nur ihr ältestes Hilfswerk Gustav-Adolf-Werk, sondern legten auch dessen Sitz bewusst nach Leipzig in die Nähe von Lützen. Am ersten Denkmal hatte stehen sollen „Gustav Adolf, Russlands, Polens und ganz Deutschlands Schrecken und Bezwinger, und der Unterdrückten Befreier". Katholische Deutsche sahen das dank geplünderter und zerstörter Städte – im Jahr vor seinem Tod drang der Schwedenkönig bis München und Frankfurt vor – naturgemäß anders und bezeichneten ihn, so die Zentrumspartei, als „Zerstörer der Einheit Deutschlands". Diente sein Eingreifen dem Glauben oder seinem Machtstreben – darüber sind sich auch Protestanten uneins.

Der Freiheitsdichter Ernst Moritz Arndt sagte, Gustav Adolf habe die Schweden zum ersten und ruhmreichsten Volk in Europa erhoben, nach seinem Tod aber habe Schweden die königliche Hand vermisst. Selbst in Schweden ist die Meinung geteilt. Viele in Südschweden sehen ihn als „schrecklichen Kriegerkönig“, dessen man sich schämen müsse.

So wie Lützen pflegte auch die Residenzstadt Weißenfels lange den Heldenkult – hier wurde der Leichnam im Geleithaus obduziert. Dabei wurden sein Herz und die Eingeweide herausgenommen. Spätestens hier begannen die Mythen – das Herz wurde offenbar zumindest vorübergehend in der Marienkirche am Marktplatz „unter der Kanzel“ begraben. Nahebei steht ohne Namen, das weiß hier ohnehin jeder, eine Gustav Adolf-Statue: mit einem Herz auf dem Sockel. Bei einer Grabung vor einem Jahrhundert fand man nichts – man grub aber auch an falscher Stelle, da die Kanzel später verlegt wurde.

Ein weiterer Mythos: der Blutfleck im Geleithaus. Er soll an die Wand gespritzt sein, als der königliche Leibarzt Casparus den König in Anwesenheit von Offizieren und Fürsten im Erkerzimmer sezierte und einbalsamierte. Spötter meinen, er werde gelegentlich aufgefrischt wie der Tintenklecks Luthers auf der Wartburg. Im Geleithaus, dem ältesten Bürgerhaus der Saalestadt, war der König eine Woche lang aufgebahrt worden. Dort wird nahe dem Obduziertisch ein Diorama gezeigt mit zehntausend Zinnsoldaten bei der Schlacht, nahezu die Zahl der Gefallenen.

Der Geschichtstourismus ist wichtig für den Aufschwung und das Selbstbewusstsein dieser Region.

So wurde in Weißenfels fast zeitgleich mit den Gustav-Adolf-Feiern eine Ausstellung eröffnet zur Gründung der Fürstenhäuser Sachsen-Weißenfels, Sachsen-Merseburg und Sachsen-Zeitz vor nunmehr gut 350 Jahren im Barockschloss von Weißenfels. Dort hatte der Herzog von Sachsen-Weißenfels das musikalische Talent des jungen Georg Friedrich Händel entdeckt und gefördert, und dort wirkte Bach.

Halle

Alles begann hier: die Himmelsscheibe

Es ist eine der schönsten Domänen im Internet: himmelsscheibe.de. Auch wenn weiterhin kaum ein Monat vergeht ohne neue Nachrichten um die Himmelsscheibe von Nebra, die ihre Heimat in Halle fand, werde sie noch auf Jahrzehnte ein Fixpunkt der Forschung bleiben, glauben manche. Sie ist einer der bedeutendsten archäologischen Funde der letzten Jahrzehnte. Nach ihrer Fertigung um das Jahr 1600 vor Christus war sie höchstens 400 Jahre in wohl „liturgischem" Gebrauch, wurde allein in dieser Zeit aber fünfmal verändert. Dann wurde sie mit dem Abriss eines Horizontbogens entweiht, vergraben und nach 3.200 Jahren 1999 von Raubgräbern in Nebra ausgebuddelt. Für den Schlüsselfund nicht nur der Archäologie, sondern auch der Astronomie und der frühen Religionsgeschichte wurde das Landesmuseum für Vorgeschichte umgebaut und erweitert. Die Himmelsscheibe steht seitdem in einem abgedunkelten Raum unter einem Sternenhimmel. Seit 2013 ist sie ein Unesco-Weltdokumentenerbe.

Vor der „Heimkehr" nach Halle im Sommer 2008 war die bislang älteste konkrete Darstellung des Kosmos im Historischen Museum von Basel gezeigt worden. In Basel hatte die Polizei die Himmelsscheibe im Februar 2002 beschlagnahmt – nach einer fingierten Verkaufsaktion. Dort wurden dann zwei Hehler verurteilt, die die bei einer Raubgrabung auf dem Mittelberg bei Nebra nahe der Grenze zu Thüringen gefundene Bronzescheibe veräußern wollten. Als Dank bekamen die Base-

ler sie, eingerahmt von 1.200 Grabbeigaben, Schmuckstücken und Waffen, vorübergehend zu sehen. Zuvor waren Teile der Ausstellung „Der geschmiedete Himmel“ schon in Kopenhagen, in Wien, in Mannheim und in Barcelona gezeigt worden. Die Weltausstellung in Nagoya hatte sich ebenfalls um die Bronzescheibe, die einen Durchmesser von 32 Zentimetern hat, bemüht – da war sie aber schon vergeben. So erhielten die Japaner eine täuschend ähnliche Kopie, die 185 Tage lang erdbebensicher im Hauptgebäude der Expo unter dem Motto „Nur eine Erde“ zu sehen war. Sie lag wenige Meter entfernt von einer Kupferscheibe mit 31 Zentimetern Durchmesser: einem Datenträger mit den gleichen Informationen, die seit 1977 in den Raumsonden Voyager 1 und 2 in Richtung jener 32 Sterne geschickt werden, die auf der Nebra-Scheibe abgebildet sind.

Die Himmelsscheibe aus der Bronzezeit war zuvor schon zweimal im Landesmuseum Halle zu sehen, zunächst im April 2002 für zwei Wochen im ungereinigten Zustand: unmittelbar nachdem das Amtsgericht Halle das Beweisstück im Strafprozess gegen die Raubgräber dem Landesmuseum aushändigte. Zwischen Oktober 2004 und Mai 2005 wurde sie eingebettet in die Landesausstellung „Der geschmiedete Himmel“. Mehr als 280.000 Besucher kamen nach Halle, ein Rekord für eine Archäologieausstellung in Deutschland. Sie sahen eine grüne Bronzescheibe, deren Goldauflagen den Vollmond (die Sonne), den Sichelmond und die Plejaden vor einer symbolischen Darstellung des Nachthimmels zeigen. Dieses nicht nur für die Universitätsstadt sensationelle Interesse hatte zum Umbau geführt, um die Ausstellungsfläche zu verfünffachen – von 700 auf 3.500 Quadratmeter.

Schon zuvor galt das Vorgeschichte-Museum mit seinen zwölf Millionen Objekten nicht nur als ältester deutscher Museumsbau für prähistorische Archäologie, sondern auch als eine der bedeutenden Sammlungen Europas zur Bronzezeit. Zu den Anziehungspunkten zählen das vollständige Skelett eines

Mammuts aus der Altsteinzeit sowie Rekonstruktionen eines Waldelefanten und eines Neandertalers. Die bisherigen „Sensationen“ – etwa der auf Birkenpech verewigte mit 80.000 Jahren älteste Fingerabdruck der Welt, filigrane Beispiele der Eiszeitkunst oder Reste eines 370.000 Jahre alten Urmenschen – werden nun in den Schatten gestellt von der 3.600 Jahre alten ersten Darstellung des Sternengewimmels inmitten vertrauter Gestirne. Sie brachte erstmals Sonnenjahr und Mondjahr bildlich in Einklang: ein Schlüsselfund der Menschheit, wie Harald Meller hervorhebt, der Landesarchäologe Sachsen-Anhalts mit Sitz im Landesmuseum. Seit ihrer Rettung, so Meller, interessierten sich Menschen deutlich stärker für Archäologie. Daraus hofft Halle mit seiner Dauerausstellung über 400.000 Jahre mitteldeutsche Geschichte und Wurzeln europäischer Kulturgeschichte Gewinn zu ziehen.

Schon der Zweck der Scheibe ist umstritten: Ist sie nicht nur die älteste konkrete Himmelsabbildung der Welt, sondern auch ein astronomischer Kalender? Ein Astronom aus Bochum hält das für gesichert: Astronomische Symbole deuteten auf eine Kalenderfunktion. Das stellten andere Museumsherren infrage. Dabei geht es nicht zuletzt um Eitelkeiten und Werben um Museumsbesucher. Die Hallenser fordern, vermutlich mit Berechtigung, dafür das besucherträchtige Erstgeburtsrecht. Archäologen und Astronomen haben die Himmelsscheibe seit dem Fund erforscht. Eines ihrer Rätsel lösten sie, als sie eine Schaltregel erkannten, die Menschen der Bronzezeit ermöglichte, das Sonnenjahr mit seinen 365 und das Mondjahr mit 354 Tagen in Einklang zu bringen. Schriftlich war das erst tausend Jahre nach dem Bau der Himmelsscheibe in babylonischer Keilschrift niedergelegt worden. Materialprüfer und Chemiker wiederum erläuterten auf einer europäischen Konferenz für zerstörungsfreie Materialprüfung, das Material sei schon in der Bronzezeit von mehreren Handwerkern untersucht worden. Das schlossen sie aus einer Kerbe auf der schmucklosen Rückseite. Um sicherzustellen, dass sie die Scheibe nicht beschädigten, haben

Handwerker die Rückseite für ihre Material- und Härtetests der Scheibe und ihrer eigenen Meißel genutzt.

Eingeordnet wird die Scheibe von geschickten Tourismusvermarktern in einen „Himmelsweg", der das neolithische Sonnenobservatorium von Goseck einbezieht, das Großsteingrab der Dolmengöttin von Langeneichstädt (das Original der Menhirstatue dort steht auch im Hallenser Museum) und den Fundort. Das „Erlebniszentrum Arche Nebra" auf dem Mittelberg bietet eine Planetariumshow und eine 30 Meter hohe überdimensionierte Sonnenuhr mit Fernsicht auf den Brocken im Harz – und eine Kopie der Himmelsscheibe, die so manche der in den ersten fünf Jahren fast eine halbe Million Besucher offenbar für das Original halten. Erbaut wurde das Besucherzentrum im Burgenlandkreis in Form einer Barke, einem Symbolelement auf der Scheibe. Wem sie zu klein ist, der kann an den Fundort nahebei gehen: Dort prunkt eine überdimensionierte glänzende Edelstahlscheibe.

Der epochale Fund beschäftigt nicht nur Forscher und die Justiz, sondern auch Filmemacher. Vermutlich zufällig hatte das ZDF fast am gleichen Tag, an dem das Landesmuseum in Halle für gut zwei Jahre schloss, um nach dem Umbau Aufbewahrungsort der Scheibe zu werden, einen neuen Spielfilm gezeigt, in dem eine nachgebildete Himmelsscheibe im Mittelpunkt stand. Nur suchte Ulrich Mühe im „Geheimnis von St. Ambrose" deren Geheimnis nicht in Sachsen-Anhalt, sondern im scheinbar romantischeren Schottland, verziert mit filmischen Anleihen aus „Der Name der Rose".

Saline – Händel um Salz

Wer hübsche, auch skurrile Geschichten sucht – etwa über die Wetterfahne mit dem einzigen preußischen Adler auf einem öffentlichen Gebäude in der damaligen DDR, aufgesetzt dank schalkhafter Menschen im Jahr 1985 –, ist im Technischen

Halloren- und Salinemuseum in Halle recht am Platz. Dort bündeln sich drei Jahrhunderte deutscher Geschichte und Kontinuität. Die Bewahrer sehen ihr Erbe in Gefahr, weil Gebäude der ehemaligen Königlichen Preußischen Saline baufällig sind. Der Kulturausschuss des Stadtrates wollte das städtische Museum einem Verein übertragen, der städtische Zuschüsse erhalte. Ein baufälliges ehemaliges Salzlager wollten Stadträte abreißen lassen, statt es zu sanieren; die Salzbauten der Stadt würden so weiter dezimiert. So stelle sich die Frage, sagen Stadthistoriker, ob sich Halle als Stadt des Komponisten Händel sehe, obwohl dieser „wie andere Jungen unserer Stadt heute mit achtzehn Jahren fortzog und nicht wiederkehrte", oder eben des Salzes.

Tatsächlich hat sich die Stadt mit einem Museumsausbau und Werbung schon für Händel entschieden. Dabei wäre Halle ohne Salz kaum denkbar. 2000 vor Christus entstand dank der Salzsiede dort die damals größte Gewerbesiedlung auf dem Gebiet des heutigen Europa, natürlich noch ohne den Städtenamen. Halle verdankt sein Wachstum einer geologischen Besonderheit, der „Halleschen Marktplatzverwerfung", die die Förderung hoch konzentrierter Sole aus 14 bis 35 Meter tiefen Brunnen erlaubte. Andere Salzstädte wie Lüneburg blieben überschaubar, Halle wurde Großstadt. 1964 wurde die Saline stillgelegt und Museum für Industrie- und Sozialgeschichte. Das Museum aber stellt weiterhin 70 Tonnen Salz jährlich her und gibt sich damit als kleinster Salzproduzent Deutschlands und als einziges Salzmuseum Europas, das Salz nicht nur als Souvenir herstellt, sondern für Bäcker, Fleischer und Ökobetriebe.

Die Tradition der Salzwirker, auch Halloren genannt, ist ungebrochen – die „Salzwirker-Brüderschaft im Thale zu Halle" ist eine der ältesten Berufsvereinigungen Deutschlands. Seit mehr als 250 Jahren ist nicht nur ihre Prachtkleidung mit Dreispitz und Bundhose vorgegeben, sondern auch die Übung, dass das jeweilige Staatsoberhaupt einen Humpen zum Silberschatz beiträgt. Der DDR-Staatsratsvorsitzende Walter Ulbricht setzte

einst das Ritual der Fürstbischöfe und preußischen Könige fort. Ebenso gilt noch der Neujahrsgruß der Salzwirker an den jeweiligen Regenten, an den Oberbürgermeister und den Universitätsrektor. Wer nach Joachim Gauck Bundespräsident wird, ist ungewiss – sicher aber ist, dass drei Sprecher der Bruderschaft ihm eine Salzpyramide, Soleier und Schlackwurst überreichen werden.

Genscher wird zum Denkmal

Zumindest ein Foto gibt es von Hans-Dietrich Genscher vor seinem Geburtshaus in Halle-Reideburg. Da steht er 1944 als Siebzehnjähriger mit Schlips und Anzug, ausgedünnt und schlaksig, neben Onkel und Cousin am Fuß der Außentreppe zum Gutshaus, in dem er im ersten Stock 1927 geboren wurde. Über diese Treppe schritt er wieder gut 65 Jahre später, begleitet von Klängen eines Harmonika-Orchesters. Das Geburtshaus des derzeit bekanntesten Sohnes der Stadt, zudem deren Ehrenbürger, ist mittlerweile eine „Bildungs- und Begegnungsstätte Deutsche Einheit". Das dreistöckige Gebäude, noch bis vor Kurzem verfallen und versteckt im Vorort, wurde zur Mischung aus Archiv, Museum und Bildungszentrum für die Jugend. Gegen die Idee, das zum Genscher-Museum zu gestalten, wehrte sich der Mann, der so geehrt werden sollte. In seinen 1995 erschienenen Erinnerungen spricht er vom Haus, in dem er seine ersten sieben Jahre verbrachte, nur knapp – er habe dort im Pferdestall mit dem Fuchs seine alltäglichen Sorgen besprochen und mit dem Hund Döll oft die Hundehütte geteilt. Dass Genscher in Halle bei der Jugend präsent bleibt, war zuvor anderswo gesichert: Die Musikkneipe „Genschmann" stellte ihn im Treppenaufgang als überlebensgroße Figur auf.

Auch in Reideburg erinnert trotz seines Sträubens gegen eine frühe Musealisierung vieles an den früheren Bundesaußenminister und Übervater seiner liberalen Partei – an sei-

nen Glauben an die deutsche Einheit, an die Balkonrede in der Prager Botschaft und die Vierergespräche mit Washington, Moskau, London und Paris. Zwei Jahre lang hatte Cornelia Pieper – die frühere Landesvorsitzende der FDP kommt auch aus Halle – die Restaurierung des Hauses, das kurz vor dem Abriss stand, mit dem Aufruf „Packen wir's an" betrieben. Jetzt ist es denkmalsgeschützt und weiß getüncht. Träger des Hauses ist die Erhard-Hübener-Stiftung, die Jugendliche über die jüngere Geschichte vor und bei der Einigung unterrichten will. Hübener war der einzige Ministerpräsident eines ostdeutschen Bundeslandes, der, als es nach dem Krieg andere Parteien noch kurz gab, nicht SED-Mitglied war.

Schlafstadt: innere Unwucht

Vieles hat sich im zwölfhundertjährigen Halle in den letzten Jahren verbessert oder gefestigt. Es gibt Leuchttürme von nationalem und internationalem Rang – neben der Himmelsscheibe von Nebra etwa die Franckeschen Stiftungen und die Nationalakademie Leopoldina. Wenn es aber um Bausubstanz und Selbstverständnis geht, gibt es wenige deutsche Großstädte, über die so viel Abfälliges oder von Resignation gezeichnetes gesagt und geschrieben wird. Dabei war im Vergleich zu Leipzig, Dessau, Magdeburg die Altstadt von Zerstörungen am Ende des Zweiten Weltkrieges weitgehend verschont geblieben. Abschätzige Vergleiche wie „Leipzigs kleine Schwester" werden von Hallensern nicht goutiert – schließlich ist die Altstadt zweieinhalb mal so groß wie jene des weit jüngeren Leipzigs. Die wirklichen – viele sagen irreparablen – Schäden gab es erst dank der Baupolitik der DDR in den Sechzigern. Der Verfall, auch die Verwesung einer der größten Altstädte Deutschlands wurde hingenommen, und es wurde gezielt zerstört.

Derweil entstanden an den Rändern der einstigen Industriegroßstadt mit dem Beinamen „Stadt der Arbeit" Platten-

bausiedlungen. Auch in Halle-Süd und in Halle-Silberhöhe wurden Plattenbauten errichtet – kaum aber etwas prägte so sehr wie der Bau der „Chemiearbeiterstadt“ Halle-Neustadt. Dort entstand innerhalb von knapp zwei Jahrzehnten Raum für 100.000 Bewohner. Das war neben Berlin-Marzahn das größte Neubaugebiet der DDR. Wohnkomplexe mit Hochhäusern zwischen fünf und 25 Geschossen, überwiegend Dreiraumwohnungen mit je gut 50 Quadratmetern Wohnfläche, reihten sich um Einkaufszentren herum. Freizeitangebote gab es wenig, dafür aber häufige Pendelzüge zu den Chemiefabriken in Buna und Leuna. Der damalige Bundeskanzler Gerhard Schröder schaute vom 18. Stock aus auf die Retorte und meinte „Oh, ist das schön hier“; man dürfe die Platte nicht diskreditieren und müsse diese Gemeinschaft als Lebensleistung respektieren. „HaNeu“ wurde manchen zur Muster-Schlafstadt für jene, die nach der Wende und dem Zusammenbruch der Chemieindustrie arbeitslos wurden. Sie bespöttelten den sozialistischen Stadtumbau als Arbeiterschließfach. Mittlerweile steht dort wie in der Altstadt jede vierte oder fünfte Wohnung leer. Nach und nach werden sie „zurückgebaut“ – erst „leer gezogen“, dann entkernt, dann abgerissen. 2010 wie auch 2011 wurden im Land jeweils um die 4.000 Wohnungen abgerissen, am häufigsten in Magdeburg, Stendal und eben Halle. Viele seiner Strukturprobleme hat Halle selbst zu verantworten.

Das alles trug bei zur inneren Unwucht in Halle zwischen verarmten Arbeitslosen und einer bürgerlichen Schicht, die markanter ist als anderswo. HaNeu-Bewohner unterschlagen nicht das Tabuthema Selbstmörder oder die Selbstkontrolle und Anpassung der Bewohner. Es gab dort weniger Ausreiseanträge und Wahlverweigerer als in der Altstadt. Vor allem die Generation der Erstbezieher der von den Planern erhofften „besseren Menschen“ identifiziert sich weiterhin mit der Chemiearbeiterstadt. Indes steht die Stadt nicht mehr „am Rande des Kollabierens“, wie es nach der Wende schien. Halle hat sich etwas gefangen nach der Schließung von Chemiewerken, Brauereien,

einer Maschinenfabrik, einer Kaffeerösterei, dem Eisenbahnwaggonbau. Die Bevölkerung schrumpfte seit der Wende von 330.000 auf 237.000, die Arbeitslosigkeit liegt bei 18 Prozent. Bei einer vergleichenden Untersuchung über die Wirtschaftskraft deutscher Städte lag Halle auf Rang 47 von 50, bei einer anderen auf Platz 59 von 60.

Die Diakonie Mitteldeutschland warnte angesichts der Arbeitslosenzahl, dem „bundesweiten Negativrekord" bei Kinderarmut und geplanter finanzieller Einsparungen vor einem sozialen Notstand. Oft geht es um versäumte Besuche bei der Schule und bei Ärzten sowie um „Auffälligkeiten" der Eltern im Zusammenhang mit Gewalt, Alkohol, Rauschgift.

Der Rapper Fabster, der „Eminem von der Saale" aus einer der Plattenbausiedlungen, will sich dies Bild nicht gefallen lassen – seine Hymne „Ich liebe diese Stadt" wird nicht nur von Lokalpatrioten geschätzt.

Graf Dracula im Stadtrat

Hintersinn kann man dem Thalia-Theater in Halle nicht absprechen: Zur Premiere seines Stückes stellt das einzige Kindertheater Sachsen-Anhalts die Frage, ob Graf Dracula und sein Gefolge davon abzuhalten seien, aus „Lehrern und Bürgern unserer Stadt blutsaugende Vampire zu machen? Stadtverwaltung und Stadtrat drängen zu drastischen Maßnahmen". Stadtrat und die (im Dezember 2012 abgelöste) Oberbürgermeisterin in Halle erwogen in der Tat eine drastische Maßnahme, die Schließung der wohl einzigen Bühne der Stadt, deren Inszenierungen in Zeitschriften wie „Theater heute" gelobt werden, während die Lokalpresse sie herunterschreibt. Sie sollte als vermeintlich schwächstes Glied der fünf Sparten – Oper und Ballett, Staatskapelle, Neues Theater, Puppentheater und eben das Thalia – für Defizite aufkommen, die andere, wie die Oper, zu verantworten haben.

Nicht alle Inszenierungen – über Hartz-IV-Empfänger, über gewaltbereite Ultras, über Beladene, die „von oben" träumen – sind gefällig, und nicht alle mögen geglückt sein. Die 1952 gegründete Kinder- und Jugendbühne gehört aber zu den ältesten Deutschlands und den renommierten ihrer Art über Landesgrenzen hinweg. Und sie geht ungewohnte Wege, bindet leer stehende Hochhäuser als Bühne in Aufführungen ein, Problemviertel, Behinderteneinrichtungen.

Nicht alle Hallenser ließen sich den Sparbeschluss der städtischen Betreiber gefallen. Zu den mehr als 10.000 Unterzeichnern eines Protestbriefes gegen die Schließung zählte die damalige Kultusministerin in Magdeburg. Theaterverbände sprachen von Perfidie und einem Akt der Kulturentsorgung. Jugendliche Demonstranten stürmten eine Stadtratssitzung, um über die geplante Schließung zu debattieren. Hoffnung setzten die Anhänger darauf, dass der Aufsichtsrat der Kulturgesellschaft nach dem Gesellschaftervertrag zur angestrebten Spartenschließung gar nicht berechtigt sei. Und vielleicht hofften sie auch auf den Satz in der Programmerläuterung zu „Dracula 1": Nicht alles, was lange Zähne habe, beiße auch gleich. Die Protestierer hatten zunächst Erfolg: Die Mitarbeiter des Verbundes für Theater, Oper und Orchester verzichteten in einem Haustarifvertrag auf einen Teil ihres Gehalts. Die Spielstätte des Thalia wurde aufgegeben, es nutzt nun die anderen Bühnen des Verbundes. Das Ensemble aber bleibt als eigenständige Sparte bestehen.

Mekka der Hymnologen

Wenn die evangelische und die katholische Kirche „zusammenkommen" sollten, geschehe das über die Hymnologie – das Verbindende kirchlicher Gesangbücher: Davon zeigt sich die Sekretärin des Hymnologenverbandes überzeugt. Dabei gibt es neben Verbindendem hinreichend Trennendes: Fast jede der

20 deutschen evangelischen Landeskirchen hat ein eigenes Gesangbuch, das sich durch seinen Anhang oder seine Gestaltung unterscheidet. Zudem waren bis vor gut einem Jahrzehnt deutsche Gesangbücher nach innen gewandt: Während sich deutsche Kirchenlieder als Exportschlager erwiesen, griff man erst vor Kurzem Lieder aus Nachbarländern auf, vor allem aus den Niederlanden und dem lutherischen Nordeuropa.

So haben Hymnologen auf ihren Tagungen genug zu beraten. Beim Treffen der Internationalen Arbeitsgruppe in Halle reichten die Debattenthemen von Methodenfragen über das arabische Gesangbuch der Evangelisch-Lutherischen Kirche Palästinas bis zur dreihundertjährigen Geschichte deutscher Militärgesangbücher. Vor allem aber ging es um die Erweiterung der Marienbibliothek direkt neben der gewaltigen Marktkirche. Schon bisher war sie die älteste evangelische Kirchenbibliothek der Welt und die größte Deutschlands, gegründet 1552. Für Hymnologen ist sie begehrtes Forschungsziel. Mit einer Erweiterung wurde sie endgültig, davon gibt sich nicht nur der Bibliotheksdirektor überzeugt, zum Mekka der Hymnologen. Im Bau, versteckt im Hinterhof der Pfarrhäuser, standen unter den 36.000 Bänden vor allem aus dem fünfzehnten bis achtzehnten Jahrhundert über drei Etagen hinweg neben Notenmanuskripten und Erstdrucken bedeutender Kirchenmusiker schon bisher 1.400 Gesangbücher.

Mittlerweile aber sind es 8.000 Gesangbücher, die vermutlich größte Sammlung der Welt. Als Letztes kamen 700 Bände der thüringischen Landeskirche aus Eisenach dazu nach deren Fusion mit der Kirchenprovinz Sachsen zur Evangelischen Kirche in Mitteldeutschland, und zwei weitere große Sammlungen aus Berlin und aus Magdeburg. Auch die Berliner Sammlung, bisher standen die Gesangbücher direkt neben dem Bahnhof Zoo, fand ihren Weg dank einer Strukturreform in der evangelischen Kirche. Noten enthielten die frühen Werke, die „Übungen der Gottseligkeit in Gesängen“, selten: Jeder kannte die Melodien ohnehin. Das älteste Gesangbuch der Sammlung,

abgesehen von Psaltern, stammt aus Wittenberg und ist von 1551 – nur fünf Jahre nach Martin Luthers Tod, mit einer Vorrede von ihm.

Fast alle großen Kirchenmusiker der Jahre nach der Reformation wuchsen wie Luther in Mitteldeutschland auf. Luther habe, sagen Theologen, recht gehabt mit seinem Satz „Wer singt, betet doppelt". Auch Paul Gerhardt, der neben Luther beliebteste und sicher der bedeutendste Kirchenlieddichter – auch als sprachverzaubernder Wegbereiter der Nationalliteratur –, kommt aus der Region. Geboren wurde der Ackerbürgersohn 1607 in Gräfenhainichen, später studierte er an der Leucorea in Wittenberg Theologie. Die Evangelische Kirche feierte zum vierhundertsten Jahrestag seiner Geburt ein „Paul-Gerhardt-Jahr". Im Standard-Gesangbuch der EKD stehen heute 26 seiner überlieferten 139 Lieder. Jedermann kennt sein „Befiehl du deine Wege", das Theodor Fontane ein großes deutsches Tröstelied nannte, oder „Ich bin ein Gast auf Erden". Seine Texte über Liebe und Leid, Glück und Trauer und über allem das Walten Gottes gingen in die Herzen. Uraufführungen gibt es weiterhin – so unlängst in Ferropolis, einer ehemaligen „Mondlandschaft" früherer Kohlegruben im Tagebau, die einer Paul-Gerhardt-Kantate, die noch nie aufgeführt worden war. Die sprichwörtliche „Bescheidenheit" der Sachsen-Anhalter zeigte sich dabei: Dem Dichter des Frühbarock zu Ehren sangen 2.700 Sänger aus 147 Chören, begleitet von hundert Blechbläsern, zudem moderne Bands und Rocker.

Die Bände in der Marienbibliothek unterscheiden sich von anderen historischen Büchereien: Viele Werke zeigen starke Gebrauchsspuren. Gesangbücher waren neben der Bibel die häufigsten Bücher in Privathaushalten. Sie wurden mindestens einmal wöchentlich aufgeschlagen – gleichsam ein frühes Massenmedium, das Schülern zum Lesenlernen diente. So zeigen sie als kulturhistorische Quelle, wie Glauben gelebt wurde. Etwa alle 30 bis 50 Jahre werden Gesangbücher grundlegend erneuert. Das in der protestantischen Kirche gültige wurde

1993 als Stammausgabe eingeführt. Nach den 535 Nummern, die allen Landeskirchen gemein sind, haben fast alle Landeskirchen Lieder oder eigene Kommentierungen und Ergänzungen dazugefügt. Nur einige Kirchen gaben einen jeweils einheitlichen Band heraus: Hessen und Hessen-Nassau; Baden, Pfalz und die evangelischen Gemeinden aus Elsass-Lothringen; und als größtes Gebiet die lutherischen Kirchen in Bayern, Thüringen und Mecklenburg-Vorpommern.

Zur Vielfalt der Gesangbücher zählt das „Freylinghausensche Gesangbuch", auch genannt „Geistreiches Gesangbuch" oder schlicht „Hallisches Gesangbuch". Knapp die Hälfte der 174 Melodien sind „hallesche Melodien". Halle war damals ein Zentrum pietistischen Denkens und einer fröhlich singenden, beschwingten Frömmigkeit auch dank August Hermann Francke Halles Tor zur Welt. Freylinghausen war Franckes Schwiegersohn und Nachfolger. Zum 350. Geburtstag Franckes im Jahr 2013 pries Bundespräsident Joachim Gauck ihn: Er habe als Erster systematisch Mädchen gebildet, zudem Lehrer fortgebildet und das dreigliedrige Schulsystem erfunden. Zar Peter der Große und der dänische König holten sich bei ihm Rat für Bildungsreformen. Sein hallescher Pietismus setzte Wurzeln auch für den Widerstand im Dritten Reich.

Freylinghausens Liedersammlung prägte eine ganze Generation von Gesangbüchern. Das strahlt aus: Heute noch greift das Gesangbuch der Evangelisch-Lutherischen Kirche Finnlands auf jene Liedtexte aus Halle zurück. Von dort ging das Liedgut, auch über hallesche Hauslehrer, weiter nach Schweden und in die baltischen Länder. Das Gesangbuch als Bestseller des Waisenhaus-Verlages in Halle trug ebenso wie die Millionen verkaufter preiswerten Bibeln der, der Stiftung ebenso verbundenen, Cansteinschen Bibelanstalt dazu bei, die Urzellen der Franckeschen Stiftungen, das Waisenhaus und die Armenschule, mitzufinanzieren.

Die Spannbreite der oft ebenso interdisziplinären wie interkonfessionellen Forschung von Hymnologen, die in Halle

Zugang zu ihren Quellen finden können, ist weit. Den einen geht es um Melodieanalyse oder Metrik, den anderen um Gebrauchskriterien und Gesangspraxis, den Dritten um Liedpropaganda oder die Verbindung von Frömmigkeit, Kirchenlied und nationaler Identität. Halle ist neben Mainz – dort begründete ein Germanist das Mainzer Gesangbucharchiv und belebte das Kirchenlied als Quelle literaturhistorischer Forschung – Zentrum europäischer Kirchenliederforschung. Halle bietet ein Nebeneinander von Bibliothek, der Theologischen Fakultät der Universität mit einem hymnologischen Forschungsschwerpunkt und der Hochschule für Kirchenmusik. Einer der Gründungsväter der Disziplin, Albert Friedrich Fischer – Großvater des Sängers und Musikpublizisten Dietrich Fischer-Dieskau – begann seine Studien der Hymnologie in Halle: Er hinterließ gleich zwei Standardnachschlagewerke für Hymnologen und begründete die „Blätter für Hymnologie". Schon lange vor seiner Arbeit trugen Missionare das Gesangbuch des Pietisten August Hermann Francke von 1704 aus Halle in die Welt.

Leopoldina – darauf war Goethe stolz

Nicht den „Faust I" hatte Johann Wolfgang von Goethe als sein bedeutendstes Werk empfunden, auch nicht den zweiten faustischen Teil der Altersweisheit. Neben seinem dichterischen Großwerk beschäftigte er sich mit den Naturwissenschaften – seine geologischen Interessen etwa rührten von seinen Besuchen auf dem Brocken. Seine „Farbenlehre" hielt der Dichterfürst der Deutschen für sein wichtigstes Werk. So war es nicht verwunderlich, dass ihm seine Mitgliedschaft in der Leopoldina, der ältesten naturwissenschaftlich-medizinisch geprägten Akademie der Welt, wichtig war – in sie berufen zu werden, ist schließlich eine der höchsten Auszeichnungen für einen Naturwissenschaftler, gleichsam direkt nach dem Nobelpreis. Goethe war nicht das einzige Leopoldina-Mitglied, das

die Welt veränderte: Albert Einstein als „größter Physiker aller Zeiten" und der Quantenphysiker Max Planck, Marie Curie (die einzige Frau, die Nobelpreise gleich auf zwei unterschiedlichen Gebieten, Physik und Chemie, erhielt) und der Zoologe Ernst Haeckel zählten dazu. Derzeit hat sie 1.400 Mitglieder (begrenzt auf höchstens tausend unter 75 Jahren), davon ein Drittel aus dem Ausland. 167 Nobelpreisträger zählten oder zählen im letzten Jahrhundert zu den ihren, derzeit um die 30.

Allein 40 im Mitglieder-Matrikel Verzeichnete stehen nun auf Straßenschildern Halles. Und das, bevor die Leopoldina 2008 zur „Nationalen Akademie der Wissenschaften" ernannt wurde und vor 2010, als dann auch noch der Verbund der 23 Nationalakademien in der Europäischen Union von der Royal Society of London bis zur Académie des Sciences in Paris den Hauptsitz ihres Akademien-Verbundes nach Halle verlegte, zumindest vorläufig. Damit wurde ihr Präsident mittelbar oberster Berater der EU-Kommission zu naturwissenschaftlichen und technischen Entwicklungen. Sie repräsentiert zudem die deutsche Wissenschaft in internationalen Gremien.

Halle und die Leopoldina: Das ist eine alte Beziehung. Sie reicht aber nicht zurück bis zur Gründung im Jahr 1652 durch vier protestantische Stadtärzte in Schweinfurt, die ihre Vereinigung nach Kaiser Leopold I. benannten, als er sie „anerkannte" – zehn Jahre später wurde sie bis zum Ende des Heiligen Römischen Reichs Deutscher Nation Reichsakademie. So kann sie auf ihre Gründungsgeschichte stolz sein. Sie ist die einzige deutsche Gelehrtenakademie, die privat gegründet wurde und sich die, später dann auch staatliche, Anerkennung durch Leistung verdiente; alle anderen im 17. und 18. Jahrhundert waren von Landesfürsten gegründet worden. Dauerhaft wählte sie 1878 Halle als Sitz. Davor wechselte sie ihren Sitz mit den jeweiligen Akademie-Präsidenten. Da zuvor ein Mediziner gut zwei Jahrzehnte in Halle lehrte, kann sich die Saalestadt rühmen, um die 160 Jahre lang Sitz der Akademie zu sein – der Akademie, die nur Neider aus anderen bedeutenden Akademi-

en wie Berlin-Brandenburg, München, Göttingen oder Heidelberg nicht als die erste unter gleichen einstufen.

Als die Bundesregierung die Leopoldina zur Nationalakademie und so zum Club der Besten benannte, war das nicht unumstritten. Zuvor hatten sich viele Jahre lang die deutschen Akademien um eine Festlegung bemüht, auch da war die hallesche schon früh ein Hauptkandidat. Die Benennung durch die Bundesregierung ohne hinreichende Konsultation vorab empfanden manche aber als unziemlichen Eingriff des Staates in die Wissenschaftsautonomie und den Föderalismus. Ausschlag gab neben der ehrwürdigen Historie, dass sie sich in den vergangenen Jahren hervorhob als kundiger Wissenschaftsberater: Ein Konzeptpapier der Leopoldina zum Klimawandel fand erst über die „Klimakanzlerin" Angela Merkel und dann den G-8-Gipfel 2007 in Heiligendamm Eingang in den internationalen Kanon, was zu tun sei gegen die Erderwärmung. Ein anderes fachübergreifendes Thema, dem sich die Leopoldina fern vom Elfenbeinturmdenken beratend widmen will, ist Altern und Demografie – da bietet der Sitzort lebhaften, wenn auch nicht erfreulichen Anschauungsunterricht. Zudem wird Rat erheischt bei Gentechnik, Infektionskrankheiten, Energie, Stammzellforschung.

Die 360 Akademiejahre waren nicht durchgängig unbelastet. In den ersten Jahrzehnten des vorigen Jahrhunderts war die Bedeutung überschaubar. Kurz nachdem sie wieder Rang gewann, trieben Nationalsozialisten jüdische Mitglieder, immerhin jeden achten, heraus. In den Jahren der DDR schien der innere Widerstand stärker als im Dritten Reich. Dank der großen Zahl ausländischer Mitglieder konnten mutige Präsidenten sich wehren gegen eine verordnete Gleichschaltung ihres freiheitlichen, bürgerlichen und gesamtdeutschen Charakters. Sie bewahrte das trotz Überwachung durch die Staatssicherheit, deren Protokolle ihnen den Ehrenstempel gaben als „reaktionäres hallesches Zentrum". Entscheidend für den Erhalt der Unabhängigkeit war, dass sie ihre Mitglieder vorerst auf Na-

turwissenschaftler und Mediziner begrenzte. Wohl keine andere Wissenschaftseinrichtung war nach 1989 weniger „belastet“. Zur Universität Halle-Wittenberg gab es stets eine enge Bindung: Fast immer waren die Präsidenten auch Lehrstuhlinhaber der Hochschule.

2012 bezog die Gelehrtengesellschaft einen neuen Sitz in einem früheren Logenhaus. Einen „gastlichen Ort für den freien Geist“ nannte der frühere Bundespräsident Horst Köhler sie. Damit fand sie nicht nur bessere Bedingungen für ihre Arbeit, das Archiv und die Bibliothek – sie fand auch Raum für die Mitarbeiterzahl, die sich seit der Ernennung zur Nationalakademie binnen Kurzem auf 70 verdoppelte, und das in einer Zeit, da sonst die Wissenschaft überall von Kürzungen und Stellenstreichungen belastet wird.

Seit der Überführung ihrer Bibliothek aus Dresden sah die Akademie eine wesentliche Aufgabe in der Sicherung und Auswertung ihrer schriftlichen Schätze und der Herausgabe von Schriften. Zu ihnen zählte – eine kleine Gegengabe sozusagen zur Achtung, die Goethe für die Leopoldina empfand – die 2011 nach 70 Jahren Forschung fertiggestellte vollständige Kommentierung zu „Goethes Schriften zur Naturwissenschaft“. Darunter ist Goethes Abhandlung über den von ihm entdeckten Zwischenkieferknochen des Menschen – die erschien, wie es sich gehört, erstmals in der Schriftenreihe der Akademie. Das Archiv bewahrt als Gedächtnis der Leopoldina die Lebensläufe, Veröffentlichungslisten und Bilder aller Mitglieder, bislang um die 7.000, zudem viele Nachlässe und Briefwechsel. Die Bibliothek begann mit einer Spende von 37 Bänden – heute sind es um die 260.000. 7.000 der wertvollsten Bände stehen seit dem Kriegsende in russischen Bibliotheken. Zu den Beständen zählt mit der „Miscellanea curiosa medico-physica“ die älteste medizinisch-naturwissenschaftliche Zeitschrift der Welt. Heute wagte wohl niemand das Wort kurios in den Titel einer wissenschaftlichen Zeitschrift zu nehmen – die „Nova Acta Leopoldina“ gilt als Nachfolgepublikation der Curiosa.

Curiosa: Der Begriff passt auf die Geschichte des neuen prachtvollen Sitzes der Leopoldina auf einer Anhöhe neben der Moritzburg nicht so ganz, noch nicht einmal für ihren letzten Eigentümer, die Freimaurerloge. Davor und danach zählte die Stadtverwaltung zu den Herren des „Hauses der drei Degen", dann der nationalsozialistische Gauleiter, der sowjetische Stadtkommandant, der sowjetische Freundschaftsverein, die Universität, eine Pachtgaststätte. So wurden manche Wandzeichnungen und Hoheitszeichen wieder abgemeißelt. Das wird dem Wahlspruch der Nationalakademie, nunquam otiosus, niemals müßig, wohl nicht widerfahren.

Jubiläum ohne Feier

Die Provinz Sachsen-Anhalt, zwei Jahre zuvor zusammengefügt aus der preußischen Provinz Sachsen und dem 1934 aufgelösten Freistaat Anhalt, erhielt aufgrund eines Befehls der Sowjetischen Militärverwaltung am 21. Juli 1947 den Namen „Land Sachsen-Anhalt". Der Sitz der Landeshauptstadt wechselte von Magdeburg in das damals (und heute wieder) größere Halle. Andere Bundesländer von Bremen bis Niedersachsen begingen ihre ihre sechzigjährigen Jubiläen mit großen Festakten. In Magdeburg aber wurde nicht gefeiert – selbst die Frage danach stieß in der Staatskanzlei auf Verwunderung. Das Datum, das dem Bundesland auf der Suche nach seiner Identität einen Anschein von Kontinuität hätte geben können, blieb unbeachtet. In der Tat hielt die erste Runde des Landes mit dem Bindestrich-Namen nur fast genau fünf Jahre. Im Juli 1952 wurden die Länder in der Sowjetischen Besatzungszone, der jungen DDR, ebenso aufgelöst wie der Landtag, und das Gebiet wurde in die Bezirke Halle und Magdeburg geteilt. Erst 38 Jahre später, zum 14. Oktober 1990 am Tag der Landtagswahlen, entstand mit dem Ländereinführungsgesetz zum zweiten Mal das „Land Sachsen-Anhalt". Sechsmal hatte sich in diesen 60 Jahren der Zuschnitt der Landkreise grundlegend verändert und ähnlich häufig derjenige der Kommunen.

Ein Grund für das „Nicht-Feiern" mag sein, dass das Land schon seit Juli 1945 bestand (was aber auch nicht „gefeiert" wurde). Zunächst trug es den Namen „Provinz Sachsen" (was beständig mit dem „Land Sachsen" verwechselt wurde) und vom Herbst 1946 an „Provinz Sachsen-Anhalt". Mit der Be-

nennung zum Land Sachsen-Anhalt wurden weder Grenzen neu gezogen noch Institutionen verändert. Möglicherweise war ein Grund für die fehlende Beachtung der Teil-Kontinuität aber auch mangelndes Selbstbewusstsein im Kernland deutscher Geschichte, Kultur und Religionsgeschichte oder auch nur die Konzentration auf die Lösung von Alltagssorgen wie Abwanderung und Arbeitslosigkeit.

Dabei kann Sachsen-Anhalt auf Erfolge weisen. Nach einer Studie des Instituts für Wirtschaftsforschung in Halle erhöht Sachsen-Anhalt unter allen Bundesländern sein Wohlstandsniveau am schnellsten. Es gab und gibt Irritationen in der Großen Koalition von CDU und SPD, die seit April 2006 in Magdeburg regiert, bisweilen auch Machtspiele und Posen. Insgesamt aber zeigt sie sich in ungetrübter Harmonie – beide Regierungsparteien sprechen von einem soliden und unaufgeregten Arbeitsklima. Finanzminister Jens Bullerjahn, Spitzenkandidat der SPD bei den beiden letzten Landtagswahlen, sagt, es gehe nicht um Rot oder Schwarz, sondern um vernünftig oder unvernünftig.

Eine Hürde des Zusammenwachsens ähnelt jener im westlichen Nachbarland Niedersachsen. Dort sehen sich viele noch als Braunschweiger oder Oldenburger, weniger als Niedersachsen. So sehen sich auch viele als Altmärker oder Anhalter in einem Land, das mit Halle und Magdeburg zwei rivalisierende Metropolen besitzt. Die Reaktion auf die Kreis- und Gemeindereform war und ist nicht zuletzt deshalb so hitzig, weil bisweilen historische Gefühle der Zugehörigkeit hintangestellt wurden zu Gedanken der Wirtschaftsstruktur oder der vermeintlichen Effizienz. Die Politik vermochte nicht immer ein Gefühl der Beständigkeit oder auch des Heimatgefühls zu vermitteln. Die Anfangsjahre nach 1990 brachten drei Regierungen in vier Jahren, danach völlig unterschiedliche Regierungsstile und das „Magdeburger Modell" einer Duldung einer SPD-Minderheitsregierung durch die PDS, das allerorten auf Aufmerksamkeit, bisweilen auf Unverständnis stieß.

Wie viele weitere Jahrzehnte Sachsen-Anhalt als eigenständiges Bundesland erleben wird, ist nicht gesichert. Einige Politiker und Wissenschaftler schlagen vor, den mitteldeutschen Raum zunächst durch gemeinsame Einrichtungen zueinanderzubringen (was schon geschieht) und in den nächsten 15 Jahren aus Sachsen, Thüringen und Sachsen-Anhalt ein Bundesland Mitteldeutschland zu bilden.

Auch dann aber bliebe Sachsen-Anhalt ein Herzstück, in dem sich ottonisches frühes Mittelalter in Magdeburg und im Harz, die Reformationsgeschichte in Wittenberg, die Aufklärungstradition in Anhalt und die Wende zum künstlerisch Neuen in der Bauhaustradition in Dessau wie kaum anderswo bündeln.

Quellenverzeichnis

Die meisten Beiträge erschienen in der Frankfurter Allgemeinen Zeitung mit folgenden Erscheinungsdaten; alle wurden indes erweitert und fortgeschrieben. Soweit Beiträge nicht im Quellenverweis genannt werden, sind sie Originalkapitel für diesen Band.

Zaubersprüche, Keimzellen und Identitäten
7.12.2006 und „arsprototo" (Kulturstiftung der Länder)
Heft 1/2008, S. 16–21

Magdeburg
Das Recht der Schöffen: 30.5.2011
Der Dom – Konstantinopel gleich:
21.10.2010/7.2.2009/29.10.2007
Der Tag, an dem die Angst schwand: 12.10.2009
Nicht eine dritte Auferstehung: 23.8.2010/23.3.2011
Zitadelle und Handball: Jeder Pole kennt Magdeburg:
20.11.2008
Nischen des Muts und des Verrats: 27.3.2008/13.9.2009
Callcenter: Zwölf Millionen Kontakte jährlich: 23.10.2009
Misstöne: 10.4.2012
Graffiti-Urlaub in der Industriebrache: 6.8.2012

Die Altmark und die Börde
Fabelstadt Schnöggersburg: 12.6.2012/23.4.2013
Colbitz – wüste Siedlungen: 31.12.2010
Morsleben – weltweit einmalig: 14.10.2011

Stendal – Blick hinter die Roben: 23.11.2010/21.5.2008
Insel – nicht für alle: 11.6.2012
Burg – Kino-Walhall: 9.12.2011
Gardelegen – die Brauereien fehlen: 3.11.2011/25.8.2006
Wanzleben wird energieautark: 24.10.2007/2.7.2007
Salzwedel – Baumkuchen zum Hansetag: 6.6.2008
Loitsche und die Buswartekabine: 15.8.2008/22.8.2008/
14.3.2008/28.7.2006

Die Elbe

In der Mitte Europas: 18.8.2012
Schleusen und Häfen: 16.2.2008/27.10.2007/14.8.2007
Es kommt kein Schiff geladen: 21.10.2008/31.7.2008/
20.2.2010
Totschlag an der Elbe: 22.3.2012

Der Harz

Halberstadt – das Buch des Lebens:
31.8.2011/15.4.2008/10.9.2013
Quedlinburg – Anfechtungen gewohnt: 3.1.2011
Blankenburg und sein Löwe: 24.3.2012/22.12.2011
Ströbeck im Zeichen des Schachs: 8.8.2007

Anhalt

Eine Wiege der Aufklärung: 2.3.2011/28.2.2012
Köthen – Karneval und Homöopathie: 10.10.2009/18.4.2011
Zerbst – Heimkehr der Zarin: 17.4.2009
Aschersleben – Guggenheim in der Provinz: 14.9.2011
Nachterstedt – rutschende Böschungen: 16.12.2010/3.4.2010/
2.2.2010

Dessau

Oranienbaum – ein kleines Stück Holland: 24.6.2012
Eine Stadt wehrt sich: 17.3.2011/31.8.2010

Robert von Lucius

Verdichtet und steinreich